ISBN 978-0-259-76853-1
PIBN 10634097

This book is a reproduction of an important historical work. Forgotten Books uses
state-of-the-art technology to digitally reconstruct the work, preserving the original format
whilst repairing imperfections present in the aged copy. In rare cases, an imperfection in
the original, such as a blemish or missing page, may be replicated in our edition. We do,
however, repair the vast majority of imperfections successfully; any imperfections that
remain are intentionally left to preserve the state of such historical works.

1 MONTH OF
FREE
READING

at

www.ForgottenBooks.com

By purchasing this book you are eligible for one month membership to ForgottenBooks.com, giving you unlimited access to our entire collection of over 700,000 titles via our web site and mobile apps.

To claim your free month visit:

www.forgottenbooks.com/frcc634097

English
Français
Deutsche
Italiano
Español
Português

www.forgottenbooks.com

Mythology Photography **Fiction**
Fishing Christianity **Art** Cooking
Essays Buddhism Freemasonry
Medicine **Biology** Music **Ancient**
Egypt Evolution Carpentry Physics
Dance Geology **Mathematics** Fitness
Shakespeare **Folklore** Yoga Marketing
Confidence Immortality Biographies
Poetry **Psychology** Witchcraft
Electronics Chemistry History **Law**
Accounting **Philosophy** Anthropology
Alchemy Drama Quantum Mechanics
Atheism Sexual Health **Ancient History**
Entrepreneurship Languages Sport
Paleontology Needlework Islam
Metaphysics Investment Archaeology
Parenting Statistics Criminology
Motivational

moderne Drama.

Aesthetische Untersuchungen

von

Hermann Hettner.

Braunschweig,
Druck und Verlag von Friedrich Vieweg und Sohn.
1852.

Ich habe es immer gedacht und oft gesagt, daß kein Schau-
spieldichter sich über sein Volk und seine Zeit erheben könne. Ein
Philosoph, ein Religionslehrer, ein Staatsmann, ein Naturfun-
diger können ihren Zeitgenossen vorauseilen; aber ein dramatischer
Dichter vermag es nicht. Sokrates wurde hingerichtet, Columbus
verlacht, aber Shakespeare wurde schon von seinen Zeitgenossen
erkannt und geehrt

           Ludwig Börne.

Vorwort.

Die nachfolgenden Blätter wüßte ich am liebsten in den Händen junger Dramatiker.

Angeregt durch einige neuere dramatische Versuche, die uns in den letzten Jahren vielleicht mit allzu vorschnellem Stolze wieder von den Anfängen einer neuen dramatischen Poesie sprechen lassen, suchte ich mir die Aufgaben klar zu machen, die dem Drama in der Gegenwart hauptsächlich gestellt sind.

Wir haben die großen Muster Goethe's und Schiller's nicht einmal annähernd erreicht. Und doch können wir nicht mehr nach ihnen zurück: Alles drängt rüstig vorwärts nach einem unbekannten, nur dunkel geahntem Neuen.

Ich meine, in solchen schwankenden Uebergängen kann auch die Theorie fördernd eingreifen. Indem

fie irrige Anfichten widerlegt und dunkle aufhellt, ebnet
fie dem Dichter die Wege, und giebt ihm jene fefte
Sicherheit, ohne die nun einmal ein gedeihliches Schaf=
fen nicht möglich ift. Dies ift es, was man productive
Kritik nennt. Ich bin emfig bemüht gewefen, diefem
hohen Ziele nach Kräften nachzuftreben.

Jena, den 21. Auguft 1851.

Hermann Hettner.

Inhalt.

Die historische Tragödie.

Die historische Tragödie.

Das historische Drama und die Gegenwart.

Historische Dramen! Das ist die Losung, die man überall hört, seitdem sich bei uns wieder die Keime einer neuen dramatischen Poesie zu regen beginnen.

Dieser Drang nach großen geschichtlichen Dramen scheint in der That mehr zu sein als eine flüchtig vorüberrauschende Tageslaune. Was sind nicht in der kurzen Zeit, daß wir uns überhaupt einer eigenen dramatischen Literatur rühmen dürfen, für durchaus verschiedenartige, einander oft tödtlich bekämpfende Richtungen aufgetaucht! Aber in diesem Einen gemeinsamen Punkte stimmen sie überein. Das große Werk der geschichtlichen Dramatik suchen fast alle, freilich eine jede Richtung in ihrer eigenen Weise, nach Kräften zu fördern.

Goethe, so wenig er auch sonst für Geschichte Sinn hatte, tritt bereits in seinem ersten Werke, in Götz

von Berlichingen, mit einem großen geschichtlichen
Stoff auf. Was konnte Goethe dafür, daß dieser ge=
niale Wurf sogleich zur widerlichsten Karikatur verzerrt
wurde? Es lag nicht an ihm, sondern nur an der
Geistlosigkeit seiner Nachahmer und an dem Ungeschmack
des Volkes, das diese Nachahmer duldete, daß alsbald
jene unzähligen Ritterstücke mit ihrem grausen Mord=
spektakel an den betäubten Augen und Ohren vorüber=
wetterten. Goethe selbst ist später nur noch im Egmont
zur historischen Tragödie zurückgekehrt. Aber die sub=
jektive Wendung, die er sogleich auch diesem Stoff giebt,
zeigt am besten, wie wenig seine dichterische Eigen=
thümlichkeit sich der Strenge der Geschichte bequemen
mochte.

Besonders Schiller aber macht Ernst mit dem hi=
storischen Drama. Schon als himmelstürmender Jüng=
ling dichtet er den Fiesko, ein Stück, das trotz der
jugendlichen Unsicherheit der Charakterzeichnung; nicht
blos zu den größten Werken des Dichters, sondern der
deutschen dramatischen Poesie überhaupt gehört. Und
im Prolog zum Wallenstein spricht er es ausdrücklich
aus, daß, weil nur der große Gegenstand den tiefen
Grund der Menschheit aufzuregen vermöge, jetzt der
Dichter kühn aus des Bürgerlebens engem Kreise
hinaustreten müsse auf den höheren Schauplatz des öf=
fentlichen Lebens und der Geschichte.

von Berlichingen, mit einem großen geschichtlichen
Stoff auf. Was konnte Goethe dafür, daß dieser geniale Wurf sogleich zur widerlichsten Karikatur verzerrt
wurde? Es lag nicht an ihm, sondern nur an der
Geistlosigkeit seiner Nachahmer und an dem Ungeschmack
des Volkes, das diese Nachahmer duldete, daß alsbald
jene unzähligen Ritterstücke mit ihrem grausen Mord-
spektakel an den betäubten Augen und Ohren vorüber-
wetterten. Goethe selbst ist später nur noch im Egmont
zur historischen Tragödie zurückgekehrt. Aber die sub-
jektive Wendung, die er sogleich auch diesem Stoff giebt,
zeigt am besten, wie wenig seine dichterische Eigenthümlichkeit sich der Strenge der Geschichte bequemen
mochte.

Besonders Schiller aber macht Ernst mit dem historischen Drama. Schon als himmelstürmender Jüngling dichtet er den Fiesko, ein Stück, das trotz der
jugendlichen Unsicherheit der Charakterzeichnung, nicht
blos zu den größten Werken des Dichters, sondern der
deutschen dramatischen Poesie überhaupt gehört. Und
im Prolog zum Wallenstein spricht er es ausdrücklich
aus, daß, weil nur der große Gegenstand den tiefen
Grund der Menschheit aufzuregen vermöge, jetzt der
Dichter kühn aus des Bürgerlebens engem Kreise
hinaustreten müsse auf den höheren Schauplatz des öffentlichen Lebens und der Geschichte.

Und jetzt, an des Jahrhunderts ernstem Ende,
Wo selbst die Wirklichkeit zur Dichtung wird,
Wo wir den Kampf gewaltiger Naturen
Um ein bedeutend Ziel vor Augen sehn,
Und um der Menschheit große Gegenstände,
Um Herrschaft und um Freiheit wird gerungen,
Jetzt darf die Kunst auf ihrer Schattenbühne
Auch höheren Flug versuchen, ja sie muß,
Soll nicht des Lebens Bühne sie beschämen.

Schiller hat daher, wenn irgend Einer in Deutsch=
land, den gegründetsten Anspruch, als Schöpfer unseres
geschichtlichen Drama zu gelten. Und als solcher ist
er auch allgemein anerkannt. Aber freilich ist er,
messen wir ihn mit dem höchsten Maßstabe, mehr
Begründer als Meister dieser Kunstart. Seine ganze
Natur war zu subjektiv angelegt, als daß er es
jemals über sich vermocht hätte, mit völliger Verleug=
nung seines Ichs sich ganz und rückhaltlos an den
starren Pragmatismus der geschichtlichen Charaktere und
Thatsachen hinzugeben. Und als nun vollends die po=
litische Wirklichkeit seinen kühnen Freiheitssinn gänzlich
im Stich ließ, da verfiel auch er, angeregt durch seinen
Freund Goethe, immer mehr und mehr einem idealisti=
schen Anachronismus antikisirender Kunsttheorien, die,
dem Wesen der modernen Zeit widersprechend, schwer=
lich geeignet waren, geschichtliche Stoffe in ihrem in=
nersten Kerne rein und unverfälscht aufzufassen und
darzustellen. Daher kommt es, daß, da sogar der
Wallenstein mehr eine Familientragödie auf geschicht=
lichem Hintergrunde als ein streng historisches Stück

ist, alle seine nachfolgenden Werke, Maria Stuart, die
Jungfrau von Orleans, Wilhelm Tell, ihren eigensten
Zauber nicht sowohl aus der inneren Bedeutung ihres
Gegenstandes selbst schöpfen, sondern einzig aus dem
liebenswürdigen Gemüthe und aus der farbenreichen
Gluth des Dichters.

Was Wunder also, daß Schiller's Nachahmer, die
von ihm nur die Willkür der Auffassung, nicht aber
die Kraft und die Tiefe der Darstellung gelernt hatten,
die mächtige Größe historischer Helden allmälig ganz
und gar in den einschläfernden Klingklang volltö-
nender Jambenrhetorik verschwemmen! —

Auf Goethe und Schiller folgen die Bestrebungen
der romantischen Schule. So sehr sonst die Romantiker gerade Schiller's Dichtung, oft sogar in sehr un-
gerechter Weise, befeinden; in dem Streben nach geschichtlichen Dramen sind sie seine innigsten Sinnes-
genossen. A. W. Schlegel spricht es aus am Schlusse
seiner dramaturgischen Vorlesungen, gewissermaßen als
die ideelle Zusammenfassung derselben, die würdigste
Gattung des Schauspiels sei das historische; aber es
müsse wirklich national sein, es dürfe sich nicht an blos
anekdotenhafte Lebensbegebenheiten von einzelnen Rit-
tern und kleinen Fürsten halten, die auf das Ganze
keinen Einfluß hatten, sondern es müsse aus der Tiefe
der Kenntniß geschöpft sein und uns ganz in die große

Vorzeit verſetzen. Und Ludwig Tieck, der größte Dichter der romantiſchen Schule, denkt allen Ernſtes darauf, die kritiſche Forderung ſeines Freundes zur That zu geſtalten und uns die deutſche Geſchichte in einem umfaſſenden Cyklus hiſtoriſcher Tragödien lebendig vor's Auge zu führen; wie denn auch Beide, Tieck ſowohl als Schlegel, ganz folgerichtig nicht übel Luſt bezeigen, Shakeſpeare's hiſtoriſche Dramen, namentlich die eng‑ liſchen, an die Spitze aller Dichtung zu ſtellen.

Dieſes Verlangen der Romantiker nach hiſtoriſchen Dramen könnte wunderbar ſcheinen, dächte man aus‑ ſchließlich an ihre phantaſtiſchen Grillen; aber es ent‑ ſpringt naturgemäß aus dem nationalen Zuge, der ihnen eigen iſt und der ſpäter die Veranlaſſung wurde zu ihrer widerlichſten Entartung. Leider aber iſt dieſer fromme Wunſch immer nur frommer Wunſch geblieben! Weder Tieck machte ſein oft gegebenes Ver‑ ſprechen zur Wahrheit, noch ſonſt irgend ein anderer Dichter dieſer Richtung. Iſt doch auch, wenn wir nämlich einmal vorläufig die Möglichkeit eines ſolchen Dramencyklus aus der deutſchen Geſchichte zugeben wollen, Heinrich von Kleiſt der einzige Dichter, der dieſer gewaltigen Aufgabe gewachſen geweſen wäre.

Inzwiſchen fällt das deutſche Theaterweſen immer tiefer. Bei den Romantikern und dem jungen Nach‑ wuchs, der ſich unter deren Einflüſſen gebildet hat, ge‑

hört es zum guten Ton, sich für diese versinkende Bühne
zu vornehm zu dünken. Es entsteht das blasirte Zwitter=
geschöpf des Lesedrama; die treulos verlassene Bühne
wird der Tummelplatz feiler Uebersetzer und Fabrikanten.
Nichtsdestoweniger erscheint auch hier das historische
Drama, und zwar mit bewußter und ausgesprochener
Absichtlichkeit. Raupach versorgt die Bühne mit einer
beträchtlichen Anzahl berühmter Heldennamen und vor
Allem auch mit einem dramatisirten Auszug aus Rau=
mer's Geschichte der Hohenstaufen. Und Immermann
und Grabbe, obgleich lange Zeit haltlos herumirrend
zwischen der Nachahmung des Schiller'schen, Calderon'=
schen und Shakespeare'schen Stiles, münden auch ein
in die geschichtliche Stoffe; ja sie versuchen, den Finger=
zeig Tieck's und Schlegel's benutzend, sogar ihr Glück
ebenfalls mit jenem erlauchten Kaisergeschlechte.

So standen die Dinge, als sich vor etwa einem
Jahrzehend Karl Gutzkow und nach ihm einige andere
jüngere Dichter das dankenswerthe Verdienst erwarben,
all ihr dichterisches Vermögen ernstlich auf die Hebung
der verwilderten Bühne zu wenden. Seitdem sprechen
wir in Deutschland wieder mit einem gewissen Stolze
von den Anfängen einer neuen Dramatik. —

Und siehe! auch diese neue Dramatik erhebt noch
einbringlicher als irgend eine frühere Literaturrichtung
das historische Drama zu ihrem Banner. Unsere junge

………… wurzelt, wie dies von selbst durch die At=
mosphäre der Zeit bedingt ist, durch und durch in po=
litischen und socialen Tendenzen. Ist also heutzutage
überhaupt ein neues Drama möglich, so kann dies
nur historisch oder social sein.

Es ist gewiß, der Ernst der Zeit verlangt nach dem
Mark der Geschichte. Kommt einmal unserer Poesie
eine neue Zukunft, so erreicht das historische Drama
sicher eine bisher ungeahnte Höhe und Bedeutung.
Aber eben so gewiß ist, der neue, so sehnlich erharrte
Messias ist noch nicht erschienen und wird voraussicht=
lich noch lange auf sich warten lassen. Gußkow hat
völlig Recht, wenn er in der geistvollen Vorrede zum
Wullenweber es ausspricht, trotz aller Bemühungen habe
seit Schiller das historische Drama in Deutschland nur
taube Blüthen getrieben. Und sein Wullenweber selbst
ist von diesen tauben Blüthen ohne Widerrede eine
der taubsten.

Wer aber trägt die Schuld dieser niederschlagenden
Thatsache? Wer anders als der schwüle Gewitterdruck,
der seit der Restaurationszeit auf ganz Europa lastet.
Er entladet sich zwar hie und da in einzelnen furcht=
baren Zuckungen: aber noch nirgends kommt er zum
vollen Ausbruch. Reine Luft und heiterer Himmel!
und die junge Saat wird lustig herausschossen. Große
Kunstepochen, besonders dramatische, erstehen überall

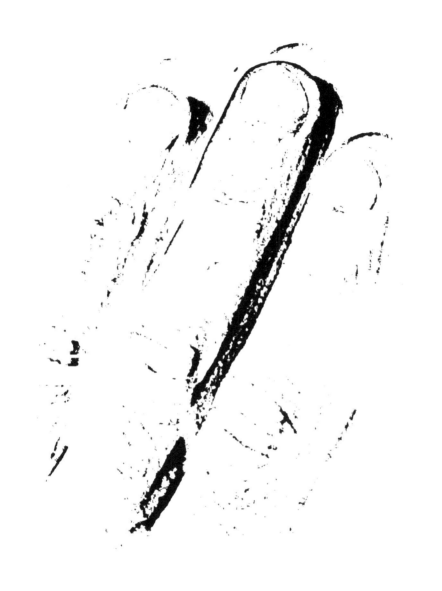

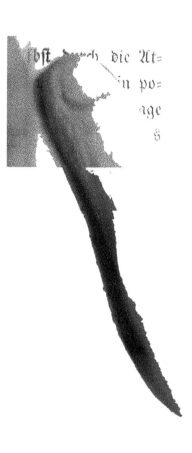

iterat

ſphär

hen

aupt

ſtoriſ

lbſt ... die At=

... u po=

... age

§

ϒ ge

Geſ

Zukur

'ſhei

ewi

nid,

li

völ

Wul

ſeit S

taube

iſt von

der taub

Wer

ſache?

... der

Literatur wurzelt, wie dies von selbst durch die At=
mosphäre der Zeit bedingt ist, durch und durch in po=
litischen und socialen Tendenzen. Ist also heutzutage
überhaupt ein neues Drama möglich, so kann dies
nur historisch oder social sein.

Es ist gewiß, der Ernst der Zeit verlangt nach dem
Mark der Geschichte. Kommt einmal unserer Poesie
eine neue Zukunft, so erreicht das historische Drama
sicher eine bisher ungeahnte Höhe und Bedeutung.
Aber eben so gewiß ist, der neue, so sehnlich erharrte
Messias ist noch nicht erschienen und wird voraussicht=
lich noch lange auf sich warten lassen. Gutzkow hat
völlig Recht, wenn er in der geistvollen Vorrede zum
Wullenweber es ausspricht, trotz aller Bemühungen habe
seit Schiller das historische Drama in Deutschland nur
taube Blüthen getrieben. Und sein Wullenweber selbst
ist von diesen tauben Blüthen ohne Widerrede eine
der taubsten.

Wer aber trägt die Schuld dieser niederschlagenden
Thatsache? Wer anders als der schwüle Gewitterdruck,
der seit der Restaurationszeit auf ganz Europa lastet.
Er entladet sich zwar hie und da in einzelnen furcht=
baren Zuckungen; aber noch nirgends kommt er zum
vollen Ausbruch. Reine Luft und heiterer Himmel!
und die junge Saat wird lustig herausschossen. Große
Kunstepochen, besonders dramatische, erstehen überall

nur, wo ein Volk zum gedeihlichen Abschluß eines ge=
waltigen Bildungsprocesses gelangt ist. Die Meister
der griechischen Tragödie fallen in jenes wunderbare
Zeitalter des Perikles, das so eben die tiefen Erschüt=
terungen innerer Verfassungskämpfe und die großen
Perserkriege ruhmreich vollendet hat und nun in dem
stolzen Genusse sicheren Glückes lebt. Shakespeare steht
siegesbewußt vor den rauchenden Trümmern der mittel=
alterlichen Vasallenkriege und erfreut sich der ersten
Segnungen des verständig durchgeführten Monarchismus
der Königin Elisabeth. Ebenso stehen Lope de Vega
und Calderon im höchsten Glanzpunkte Spaniens, und
Corneille und Racine verherrlichen das Jahrhundert
Ludwig's XIV., das Frankreich erst aus dem Mittelalter
in die neue Zeit hinüberführt. Ganz in demselben
Sinne, meine ich, ist auch unsere klassische Kunstblüthe
zu fassen. Goethe und Schiller sind die glücklichen Er=
ben der großen Aufklärungsepoche und dichten heraus
aus dem Vollgefühl dieser weltbezwingenden Ideen.

Lebenslustig rührt das junge Drama seine flüggen
Flügel, aber es hat keinen freien Spielraum, seine Kraft
zu entfalten.

O Ihr kurzsichtigen Thoren, die Ihr auf unsere
Dichter schmäht, und dabei eine höfische Theaterpolizei
duldet, die den Dichtern alle Lebensluft abschneidet.
Thoren, die Ihr heuchlerisch über den Verfall der Kunst
und Poesie klagt, und doch Alle systematisch verfolgt

und vernichtet, denen eine freie und gesunde Staats=
entwickelung, die die Lebensbedingung aller gesunden
Kunst ist, wahrhaft am Herzen liegt! Der einfältigste
Bauer beschämt Euch; nur auf edlem Boden erwartet
er edle Früchte.

Diese Anfänge einer neuen Dramatik, so schwach
sie an sich sind, haben wir daher nicht vornehm zu
bespötteln, noch weniger haben wir sie als bereits ge=
wonnene Siege ruhmredig in die Welt hinauszu=
posaunen; denn sie verdienen es in der That nicht.
Wir haben uns ihrer bescheiden zu freuen, weil sie uns
die Vorboten und die Bürgen einer schöneren und
glücklicheren Zukunft dünken.

Aber damit sich unsere Freude thatkräftig äußere,
muß ein Jeder von uns das Seinige beizutragen, um
die Blüthe so viel als möglich zu beschleunigen. Der
Bürger trachte und strebe nach einem freien Staate,
der Dichter folge dem drängenden Triebe seines Genius,
unbekümmert darum, ob ihm die Zeit den Sieg schwer
oder leicht gemacht habe. Und auch der Kritiker, dünkt
mir, hat jetzt mehr als jemals wie das Recht so auch
die heilige Verpflichtung, seinerseits fördersam einzu=
greifen.

Nicht als ob ich wähnte, die Kritik könne irgendwie
die Ungunst der äußeren Verhältnisse mildern oder gar

den Mangel an schaffender Kraft ersetzen. Aber aller=
dings kann sie dem Künstler oft rathend und warnend
zur Seite stehen. Das Kunstwerk stammt nicht aus
der Phantasie allein; die Phantasie muß sich in ihm
wesentlich auch als künstlerische Weisheit bewähren.
Es ist ein bedauerlicher Irrthum, wenn oft Dichter=
linge in dünkelhafter Halbbildung sich überreden, ver=
ständige Klarheit theoretischer Erkenntniß beeinträchtige
ihre Ursprünglichkeit und Schöpfungsfrische. Die ge=
nialsten Künstler waren jederzeit auch die verständigsten.
Gar Manche, die noch immer von der trunkenen Un=
bewußtheit des künstlerischen Schaffens faseln, würden
sich arg verwundern, könnten sie einmal Shakespeare
Abends beim lustigen Glase im verständigen Gespräche
mit gleichgesinnten Kunstgenossen belauschen. Wie also
erst in einer Zeit, die wie die unsrige aller altüber=
lieferten bindenden Kunstsitte baar ist und die durch
die reflectirte Zerfahrenheit ihrer abgetragenen Bildung
recht mit raffinirter Absichtlichkeit darauf hinarbeitet,
um die glückliche Unbefangenheit des künstlerischen Taktes
überall zu verwirren? Jetzt erreicht der Dichter sein Ziel
schwerlich, leitet ihn nicht die gründlichste Einsicht in
die Gesetze seiner Kunstart. Diese principielle Klarheit
kann ihn freilich nicht genialer und phantasievoller
machen als er von Natur ist; aber sie erhebt ihn erst
vom Dilettanten zum Künstler.

Und nirgends thut eine solche klare theoretische Ein=

ficht oder die unwiderstehlich fortreißende Allgewalt eines
urkräftigen Dichtergenius mehr Noth als gerade hier,
in unserer neu entstehenden Dramatik; denn nirgends
wuchert so wie hier die allertrübseligste Verwirrung,
der schamloseste Dilettantismus. Ein Jeder dieser sogenannten Dichter schreibt sich in langen Vorreden eine
eigene, dilettantische, der eigenen Willkür und Ohn-
macht allerbestens appretirte Aesthetik, und die natürliche Folge ist, daß ohne den sicheren Kompaß fester
und allgemeingültiger Grundgesetze nach wie vor das
junge Drama irr und rathlos auf offenem Meere sich
hin- und hertreibt, allen zufälligen Stürmen und Strö-
mungen ohne Widerstand preisgegeben.

Besonders arg aber steht es um das historische
Drama.

Hier ist in der Theorie sowohl wie in der dichterischen Praxis ein wahrhaft babylonisches Gewirr der
verschiedensten und widersprechendsten Meinungen. Nicht
einmal das ist fest, was es denn eigentlich sei, dieses
historische Drama. Unterscheidet es sich von den übrigen
Arten des Drama nur durch seinen Inhalt, der der Geschichte und deren großen Kämpfen entlehnt ist? Oder
ist es auch in der Form eine durchaus eigene specifisch
abgesonderte Gattung, mit ausschließlichen, nur ihr gehörigen Gesetzen und Bedingungen?

Sehen wir uns diese neueren historischen Dramen
an oder hören wir die verschiedenen Aesthetiker und
Kunstrichter, selbst die gründlichsten und geistvollsten,
so sind alle beide Ansichten in ganz gleicher Weise ver=
treten. Und doch kann nur eine die ausschließlich rich=
tige sein.

Es ist klar, hierüber vor Allem müssen wir in's
Reine kommen. Denn hier liegt die Lebensader aller
gesunden Schöpfung. Selbst wenn bessere Zeiten uns
größere Dichter bringen, ist das gedeihliche Aufblühen
des historischen Drama doch überall erschwert und be=
hindert, wenn es über einen solch entsetzlichen Wust
von widersprechenden Forderungen sich erst Bahn zu
brechen gezwungen ist.

Woher diese Widersprüche? Erst wenn wir ihren
Grund kennen, dürfen wir hoffen, ihre innere Bedeu=
tung richtig zu schätzen.

Ich meine es zu wissen, woran hauptsächlich die
Schuld liegt, warum wir über das Wesen des histo=
rischen Drama noch immer so unsicher im Dunklen
herumtappen. Es ist unser schiefes und kritikloses Ver=
hältniß zu Shakespeare. Unsere Dichter und Kritiker
fragen nicht streng und unbefangen nach dem Wesen
des historischen Drama an sich, sie leiten nicht die Na=
tur und die Gesetze desselben aus der Natur und den

Gesetzen der dramatischen Poesie überhaupt ab; sie halten sich lediglich an das große Muster Shakespeare's und stellen dessen historische Dramen keck als die innere Nothwendigkeit der Sache selbst hin.

Allerdings, bei Shakespeare möchte diese naive Gläubigkeit wohl in den allermeisten Fällen völlig im Recht sein. Ob aber auch hier bei seinen historischen Dramen, das, gestehe ich, scheint mir eine andere Frage. Es ist wahr, Shakespeare ist auch für das historische Drama das absolute Muster. Aber er ist es der Natur der Sache nach nur in einer bestimmten Gattung seiner historischen Stücke; er ist es nicht in allen. Shakespeare selbst läßt uns darüber auch gar nicht im Zweifel. Es kommt nur darauf an, seine dichterische Laufbahn unbefangen zu betrachten.

Man spricht immer von den historischen Dramen Shakespeare's so im Großen und Ganzen, als wären diese unter sich durchaus eins und von überall gleichartiger Darstellungsweise. Aber das ist entschieden ein Irrthum. Diese historischen Dramen zerfallen in zwei ganz entgegengesetzte, scharf gesonderte Gruppen. Die englischen und die römischen Stücke unterscheiden sich von einander nicht blos durch ihren Inhalt, sondern ebensosehr und noch mehr durch ihre ganz verschiedene Form, durch ihre innere Bauart. Die englischen Dramen, das hat man schon längst eingesehen, sind eine

ganz abgesonderte Gattung für sich, sie haben eben so
viel epische als dramatische Bestandtheile; man pflegt
sie daher auch ganz richtig mit dem besonderen Namen
»Historien« zu bezeichnen. Die Dramen aus der römischen Geschichte dagegen entsprechen nicht nur vollständig den schärfsten Forderungen streng durchgeführter
Charaktertragödien, sondern sie gehören unleugbar unter
die größten und schönsten, die Shakespeare je gedichtet
hat. Sollte es in diesem Sinne nicht höchst bedeutsam
erscheinen, daß diese durchaus verschiedene Art und
Weise, wie sich Shakespeare zu der dichterischen Behandlung geschichtlicher Stoffe stellt, so ganz verschiedenen Perioden seiner dichterischen Entwickelung angehört? Jene Historien alle, mit Ausnahme des hö-
fischen Pracht- und Schmeichelstückes Heinrich VIII.,
stammen aus der werdenden Jugend Shakespeare's;
die römischen Charaktertragödien dagegen aus der Zeit
seiner reifsten Blüthe.

Je lebendiger ich mir den inneren Entwickelungs-
gang des großen Dramatikers vergegenwärtige und je
aufmerksamer ich die Jugendwerke Shakespeare's mit
den Werken seiner älteren Zeitgenossen vergleiche, desto
eindringlicher wird mir die Ueberzeugung, daß der
Unterschied, der sich bei Shakespeare in der Kompositionsweise der englischen und römischen Stücke darstellt, ein
durchaus bewußter ist, und ein von seiner Kunst nothwendig geforderter.

Die späteren Stücke sind die Fortbildung und Ver=
besserung der früheren.

Ich meine, diesen Fingerzeig des größten drama=
tischen Dichters sollten wir freudig benützen, statt daß
man es fortwährend vorzieht, selbst die eingestandenen
Jugendfehler desselben nach wie vor zu ewigen Gesetzen
und Idealen zu stempeln.

Diese Erscheinung verdient nach allen Seiten hin
eine sehr sorgsame Erwägung. Ansichten, die sich bisher
auf das mächtige Vorbild von Shakespeare's englischen
Dramen berufen zu können vermeinten, verlieren dann
ihren gewichtigsten Stützpunkt und ihre gefährlichste
Spitze. Und wissen wir erst, was Shakespeare für
Irrthum gehalten und was er dann später nach Er=
kenntniß dieses Irrthums als das eigentlichste Wesen
und als den Kern des historischen Drama hinstellte,
so ist es klar, daß wir nicht blos für die Theorie, son=
dern auch für die dichterische Praxis die fruchtbarste
Belehrung gewonnen haben.

2.

Shakespeare und die historische Tragödie.

Urtheile man wie man wolle über diese englischen
Dramen Shakespeare's, sie sind und bleiben mit Recht
eines der stolzesten Besitzthümer Englands. Mit Ausnahme der Griechen kann sich kein Volk von Seiten
seiner Dichter einer gleichen nationalen Verherrlichung
rühmen.

Was ist das für ein gewaltiges Bild, das sich
hier vor uns aufrollt! Das ganze mittelalterliche Leben
Altenglands in seinen wüsten Feudalkämpfen bis hin
zum Siege des modernen, auf festes Gesetz gegründeten
Staates. Das ist eine Welt der kolossalsten Naturen,
wie sie einzig und allein der Riesengeist Shakespeare's in
dieser unerschöpflichen Tiefe und Mannigfaltigkeit ent-
werfen konnte. Diese wilden Männer mit ihrem hart-
herzigen Trotze und ihrer löwenmuthigen Tapferkeit,
und diese furchtbaren Weiber, diese grausen Erinnyen,
in deren Herzen nicht der Gott der Liebe wohnt, son-

dern der Gott des Haſſes und des Fluches! Dieſe wackeren Faulconbridge und Talbot und Percy Heiß= ſporn, und das Scheuſal Richard III., »dieſer gräulich blutige, räuberiſche Eber«! Und andererſeits wieder der herrliche Prinz Heinz und ſeine luſtigen Spießgeſellen! Wir ſtehen ſchaudernd vor dem entſetzlichen Abgrunde des menſchlichen Herzens und laſſen uns doch ebenſo willig hinreißen in's hellſte Gelächter über die Falſtaffiaden. Es wäre vermeſſen, über dieſe Tiefe der Poeſie viele Worte zu ſagen. Nur ein Shakeſpeare vermag ſolche Charaktere zu zeichnen.

Aber trotz alledem dürfen wir uns, wie geſagt, nicht über den weſentlichen Mangel dieſer engliſchen Hiſtorien täuſchen. Es war die kindliche Freude am ſpecifiſch Poetiſchen, die Freude an der ergreifenden Situation und an der naturfriſchen Charakteriſtik, die die Dichter der Sturm= und Drangperiode und ſpäter die Romantiker völlig gefangen nahm und ihnen den kritiſchen Blick verdunkelte. Wir müſſen uns auch hier endlich wieder einmal des einfachen äſthetiſchen Geſetzes erinnern, daß die Zeichnung der Situationen und Cha= raktere zwar die eine, ſehr bedeutende Seite des Drama, daß ſie aber noch lange nicht das ganze Drama iſt.

In jüngſter Zeit hat Julius Moſen mehrmals von Pathologie der Shakeſpeare'ſchen Dichtung geſprochen. Wer möchte leugnen, daß gerade die engliſchen Hiſto= rien am meiſten von dieſem harten, aber gerechten Vor=

wurf getroffen werden? ·So kühn und trotzig und in
ihrer kolossalen Unbändigkeit so ergreifend und erhaben
diese Gestalten an sich sind, es ist doch wahr, es ist
eine faule und moderige Atmosphäre, die wir hier
athmen. Alle diese verheerenden Vasallenkämpfe und
Bürgerkriege, ja selbst zum größten Theil die Kriege
mit Frankreich, sie handeln nicht um große und sitt=
liche Ideen und Interessen; Eigennutz kämpft gegen
Eigennutz, ungeheure Rache gegen ungeheures Ver=
brechen. Ist ja Richard III., dieser furchtbarste Teufel,
den je die Phantasie der Geschichte oder die Phantasie
eines Dichters ersonnen hat, gar nichts Anderes als
der furchtbare Niederschlag dieser feudalen Fäulniß,
und, um Vischer's und Rötscher's treffende Ausdrücke
zu gebrauchen, die entsetzliche Frucht dieser ungeheuren
Entartung aller politischen und sittlichen Kräfte, die
Pestbeule, worin die lang gegohrene Eiterung giftig
ansbricht. Ein schreiender Mißlaut, den harmonisch
zu lösen, das kalte Schlußstück, Heinrich VIII, das be=
rufen war, den Segen der neuen Weltordnung darzu=
stellen, leider! nur sehr wenig geeignet ist.

Und doch ist diese qualvolle Pathologie dieser Histo=
rien nicht die Hauptsache, die ich hier tadelnd hervor=
heben möchte. Das, was uns hier, von unserem Stand=
punkte aus, vor Allem als Mangel entgegentritt, das ist
die Komposition. Die Komposition dieser Historien ist
nicht dramatisch; sie ist episch, oder wenigstens episirend.

Es ist keine willkürliche Spitzfindigkeit des Kunst-
richters, sondern das Naturgesetz der dramatischen Poesie
selber, daß im Drama immer ein Kampf zweier Gegensätze vorhanden sein müsse. Nur durch diesen inneren
Streit und Widerstreit, der zu seiner entscheidenden
Lösung, sei es nun zu einer glücklichen oder unglück-
lichen, mit innerster Nothwendigkeit hindrängt, unterscheidet sich die dramatische Handlung von der bloßen
Begebenheit, die der Gegenstand des Epos und des
Romans ist. Je packender und innerlich nothwendiger
diese Handlung, um so vollendeter ist das Drama.

Diese englischen Dramen aber bleiben alle stecken
in der rein epischen Begebenheit. Sie sind eine dialogisirte Zusammenstellung gegebener Thatsachen. Die
Ereignisse und deren Zusammenstoß entspringen nicht
aus den handelnden Charakteren in folgerichtiger Wech-
selwirkung, es ist das rein äußere Neben- und Nach-
einander der chronologischen Reihenfolge. Die Einheit,
die hier waltet, ist nur in den seltensten Fällen die
straffe Einheit der wirklich dramatischen Handlung, oft
sogar nicht einmal die Einheit einer in sich einigen
Grundidee; sie ist meist nur die Einheit der Person, zu
der alle diese verschiedenartigen, unter sich selbst schlechterdings nicht zusammenhängenden Begebenheiten in
Bezug stehen. Diese Dramen sind rein biographisch;
sie sind poetisch aufgeputzte Chroniken. A. W. Schlegel
nennt sie daher in ihrer cyklischen Vollständigkeit mit

Recht ein hiſtoriſches Heldengedicht in dramatiſcher
Form, wovon die einzelnen Schauspiele die Rhapsodien
ausmachen. Lediglich dieſer chronikenartige Bau iſt
der Grund, warum man dieſe Dramen von jeher zur
Unterſcheidung der ächten Dramatik Hiſtorien genannt
hat. Shakespeare ſelbſt nannte ſie in den älteren Aus=
gaben ſeiner Werke Chronikled histories.

Zu derſelben Zeit, als Shakespeare dieſe Hiſtorien
dichtete, ſtanden faſt alle engliſchen Dramatiker im
Dienſte derſelben begeiſterten patriotiſchen Geſinnung.
Alle dichteten ſolche engliſche Hiſtorien, und alle in
demſelben chronikenartigen Stile. So z. B. iſt the
famous chronikle of King Edward the first von
George Peele gedichtet und ebenſo the troublesome
raigne and lamentable death of Edward the Second,
das beſte Werk Marlowe's, das an tragiſcher Kraft
Shakespeare's erſten Hiſtorien ſogar ganz entſchieden
überlegen iſt, und Thomas Heywood's Eduard IV. und
die anderen gleichzeitigen Dichtungen aus der engliſchen
Geſchichte. Deshalb iſt es auch ſo ſchwer, auf dieſem
Felde über die Aechtheit und Unächtheit Shakespeare'ſcher
Dichtungen zu entſcheiden, über den älteren Johann,
über Eduard III., über Thomas Cromwell u. ſ. f.;
man weiß ja nicht einmal ſicher, inwieweit man
Heinrich VI. als ein eigenes Werk unſeres Dichters
oder nur als Bearbeitung eines älteren Stückes von
Robert Greene betrachten darf. Shakespeare unter=

scheidet sich zwar auch hier, wie natürlich, von seinen Zeitgenossen durch die hervorragende Genialität der Situationen und Charaktere; aber was diese episirende Kompositionsweise anbetrifft, so steht er mit ihnen durchaus auf einem und demselben Boden.

Aber wir gehen noch einen Schritt weiter. Diese episirende Kompositionsweise beschränkt sich in jener Zeit durchaus nicht blos auf diese Chronikled histories. Nein! Die gesammte englische Dramatik zur Zeit des ersten Auftretens Shakespeare's steht noch durchweg unter den Nachklängen und Einwirkungen jener episch lyrischen Weise, die sich in den alten Sagen und Balla= den der Engländer so lieblich darstellt. Und gerade dies ist die eigenste Größe Shakespeare's, daß er, je mehr er sich seiner Reise nähert, um so nachdrücklicher diese Darstellung abstreift und unter allen Engländern zuerst das Wesen der ächten dramatischen Gestaltung entdeckt und sogleich in den unerreichbarsten Musterwerken durch= führt.

Es ist sehr zu bedauern, daß die Unsicherheit, die in der Chronologie der Shakespeare'schen Stücke noch immer vorwaltet, es vor der Hand noch unmöglich macht, den inneren Bildungsgang Shakespeare's genau Schritt vor Schritt zu verfolgen. Ueberhaupt hat die Betrachtung Shakespeare's, da sie es bisher noch immer in allen Ländern hauptsächlich mit der Bekämpfung entgegenstehender literarischer Richtungen zu thun hatte,

ein wenig allzu ausschließlich den Ton der blindesten
Vergötterung angestimmt. Erst in der neuesten Zeit
hat man in England und Deutschland begonnen, von
aller äußeren Tendenz unbehindert auch die Werke dieses Dichters ganz rein und unbefangen auf das Gemüth
wirken zu lassen in allen ihren ganz unvergleichbaren
Trefflichkeiten, zugleich aber auch mit unverholener
Erkenntniß der etwaigen Mängel und Schwächen. Wäre
diese Shakespearekritik, in der das neueste Buch von
Gervinus nichts als ein geistloser Absud alten Kohles
ist, nicht erst in ihren ersten Anfängen, so würde man es
längst allgemeiner anerkennen, daß diese episirende Darstellung, obgleich allerdings in den Historien am offen-
sten, doch auch in allen übrigen Jugendwerken Shakespeare's mehr oder weniger durchklingt. Wir brauchen
dabei gar nicht einmal an den für unächt gehaltenen
Locrine zu erinnern, oder gar an den Perikles von
Tyrus. Wer gewohnt ist, Dichtwerke ohne Vorurtheil
in sich aufzunehmen, dem wird sie sich in den Lustspielen der ersten Periode, die mit dem größten Theile
der englischen Historien gleichzeitig entstanden sind, ganz
von selber aufdrängen; namentlich in der wirren und
unzusammenhängenden Handlung der beiden Veroneser,
in Ende gut Alles gut, ja sogar noch in der später
freilich vielfach umgearbeiteten Verlornen Liebesmühe.
Nur die Komödie der Irrungen ist bereits ein vollständig durchgearbeitetes Intriguenstück; dabei dürfen wir
aber nicht übersehen, was für treffliche Vorbilder hier

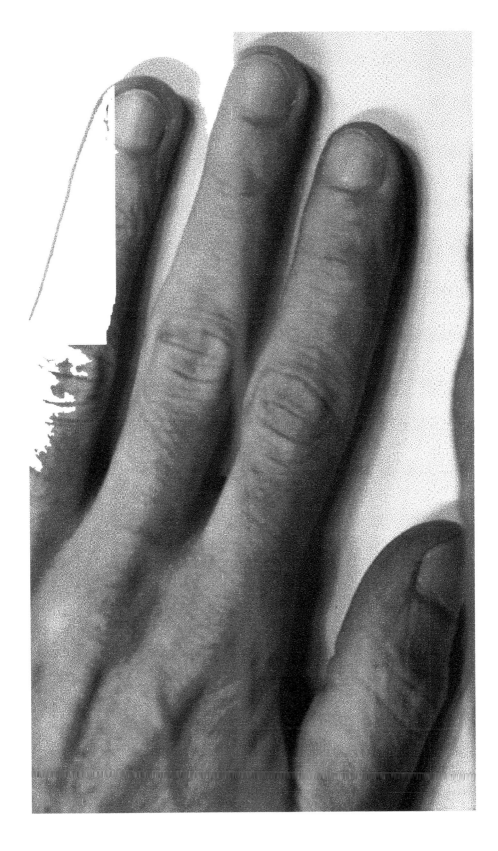

... kühn sagen, erst
beren jetzige
... akespeare=
... nd im
... ischen
olle
er

dem Dichter vorlagen. Man kann es kühn sagen, erst
in der Tragödie von Romeo und Julia, deren jetzige
Gestalt (vergl. Delius über die Tieck'sche Shakespeare=
kritik S. 155) in das Jahr 1599 fällt, und im
Hamlet, dessen erste Erscheinung nach Ulrici zwischen
1594 und 1598 zu stellen ist, ist Shakespeare der volle
und ganze Shakespeare. Bis dahin aber steht er
durchaus noch unter den Einflüssen seiner episirenden
Zeitgenossen.

In diesem Sinne ist es noch niemals gehörig beach=
tet worden, daß just um dieselbe Zeit, da Shake=
speare in diesen großen Tragödien zum ersten Male
zu der ganzen Straffheit ächt dramatischer Gestaltung
sich zu erheben weiß, auch das letzte Stück der eng=
lischen Historien entstanden ist. Wir sehen hier natür=
lich ab von Heinrich VIII., denn dieser gehört in durch=
aus andere Bezüge. Heinrich V. aber, chronologisch
die letzte englische Historie, stammt mit Sicherheit aus
dem Jahre 1599. König Johann, der von Tieck und
Ulrici bis in das Jahr 1611 hinaufgerückt wird, ist
wohl bedeutend jüngeren Ursprungs. Die englischen
Kritiker (vergl. Delius S. 2) vereinigen sich dahin,
daß dies Drama im Jahre 1598 oder kurz vorher ver=
faßt sei.

Was aber folgt hieraus? Ich glaube, ich habe durch
diese Betrachtungen erwiesen, was ich beweisen wollte.

26

Jene epische Breite und Stoffartigkeit, die wir an jenen Historien wahrnehmen, ist schlechterdings nicht bedingt durch das Wesen des historischen Drama an sich, sie ist auch nicht eine ausschließliche Eigenthümlichkeit, und am allerwenigsten ein Gesetz desselben Sie ist einzig und allein die Folge der noch unausgebildeten dramatischen Kunst. Sie erhält sich länger in den historischen Stoffen, als in den frei erfundenen, sagenhaften oder novellistischen; denn historische Massen sind überhaupt schwerer zu bewältigen. Aber diese epische Kompositionsweise verschwindet auch hier in den historischen Dichtungen, in demselben Augenblicke, da Shakespeare der Kunst der dramatischen Gestaltung völlig Meister wird.

Der Dichter des Lear, des Macbeth und des Othello dichtet nicht mehr chronikalische Historien; ebenso wenig wie die dramatische Kunst eines Sophokles je wieder zurückverfallen ist in die langen Erzählungen der Aeschyleischen Dichtweise.

Wohl aber dichtet er den Coriolan, Antonius und Kleopatra und den Julius Cäsar! —

Und diese Stücke bestätigen herrlich den Schluß, den ich oben bereits aus der Chronologie zu gewinnen wußte. Auch sie behandeln geschichtliche Stoffe; aber sie sind keine Historien. Sie sind Tragödien im strengsten Sinne des Wortes.

r und Stoffartigkeit, die

nehmen, ist schlechterdi

Wesen des historischen D

der eine ausschließliche Eigen

wenigsten ein Gesetz dessel

in die Folge der noch unau

. Sie erhält sich läng

, als in den frei erfunde

schichen; denn historische

zu bewältigen. Aber

verschwindet auch hier

in demselben Augenblick

der dramatischen Gesta

bei Lear, bei Macbeth u

Shakespearische Historien

Kunst einer Seelen

in die langen Erzählun

.

er den Coriolan

Julius Cäsar! —

liche bedingen berr

aus der Chronol

eidenthein ersichtl

. Sie sind I

Werth.

iger. Na=
tung des

eine dra=
tragiſchen
er Anlage
he Gegen=
en. Aber
ariſtokra=
tt des er=
nft, mit

27

Wir verweilen daher bei ihnen etwas länger. Namentlich möchte uns zunächst die Betrachtung des
Coriolan vom größten Nutzen fein.

Daß es sich im Coriolan nicht blos um eine dramatisirte Historie, sondern um einen wirklich tragischen
Gegensatz handle, das springt sogleich aus der Anlage
des ganzen Stücks in die Augen. Dieser tragische Gegensatz ist deshalb auch niemals verkannt worden. Aber
man pflegt ihn meist als Kampf zwischen der aristokra-
tischen Reaction und dem politischen Fortschritt des er-
wachenden Bürgerlebens zu fassen. Mir dünkt, mit
Unrecht. Shakespeare ist für eine solche Tragödie viel
zu aristokratisch; die Art und Weise, wie er hier, im
Julius Cäsar und im Heinrich VI (Hans Cade) das
Volk behandelt, zeigt deutlich, wie wenig er von einer
staatlichen Berechtigung des Volkes wissen will. Coriolan
geht nicht zu Grunde, weil er ein starrer Aristokrat ist,
das Volk verachtet und diesem seine wohl erworbenen
Rechte rauben will; er geht zu Grunde, weil er sich
durch seinen beleidigten Stolz sogar zum höchsten Ver-
brechen, zum Verrathe am Vaterlande, fortreißen läßt.
Der Vaterlandsverräther wird jederzeit als Opfer seiner
Unthat fallen; denn er wurzelt mit zu viel unzerreiß-
baren Fäden seines Seins im heimischen Boden. Und
nur so ist es poetisch gerechtfertigt, daß der Dichter
das Volk als gar so niederträchtig ausmalt. Denn
die That des Coriolan mußte allen Schein des Rechtes

für sich haben, sollte sie überhaupt zur tragischen Kolli=
sion sich eignen.

Eben haben die Bürger Volkstribunen durchgesetzt;
aber eine Hungersnoth erbittert sie auf's Neue gegen
den Reichthum des Adels. Es gährt im Volke ein
Aufstand, die Senatoren suchen ihn zu unterdrücken
durch Zugeständnisse und gütliche Vorstellungen. Nur
Cajus Marcius will nichts davon wissen; »hängt sie!«
das ist der ewige Refrain all seiner Reden. Mitten in
diese Gährung kommt die Nachricht, daß die Volsker,
angelockt durch die Kunde von Roms inneren Unruhen,
die Stadt mit Krieg überziehen Der Krieg beginnt.
Cajus Marcius thut Wunder der Tapferkeit; die Volsker
werden völlig zurückgeschlagen. C. Marcius erhält von
der Erstürmung Coriolis den Namen Coriolanus.

Nur mit banger Besorgniß betrachten die Volks=
tribunen den erhöhten Glanz des Gegners. Wird
Coriolan Consul, dann ist es um die Volksfreiheit ge=
schehen für lange Zeit. Und wirklich ernennt ihn der
Senat zum Consul; es bleibt nur noch, daß sich Corio=
lan um die Stimmen des Volkes bewerbe. Das ist
für ihn eine harte Aufgabe,

>»'s ist eine Rolle,
Die ich erröthend spiel'; auch wär' es gut,
Dem Volke dies zu nehmen;«

aber endlich entschließt er sich. Er erhält die Stimmen
der leicht hingerissenen Menge, obgleich er mehr spottet

als bittet. Die Volkstribunen jedoch wissen ihm den=
noch das Volk wieder abtrünnig zu machen,

>»Denn besser ist's, den Aufstand jetzt zu wagen,
Der später noch gefährlicher sich zeigte.«

So weit die beiden ersten Akte. Die Gegensätze
stehen sich in straffer Spannung gegenüber; der dritte
Akt, der den thatsächlichen Zusammenstoß darstellt, ist
vielleicht das Größte, das Shakespeare gedichtet hat.

Die Volkstribunen treten auf. Coriolan empfängt
sie höhnisch, sie sind ihm nun einmal verächtlich, »weil
sie mit ihrer Amtsgewalt sich brüsten, mehr als der
Adel dulden kann.« Sie verkünden ihm die offene
Empörung des Volkes; Coriolan wird in seinem aristo=
kratischen Eifer nur um so gereizter.

>»Ihr Freunde, Ihr, vom Adel!
Ich sag' es wiederum:
Wir zieh'n, sie hätschelnd, gegen den Senat,
Unkraut der Rebellion, Frechheit, Empörung.«

>»Du guter, aber höchst unkluger Adel!
Ehrbare, doch achtlose Senatoren!
Wie gebt Ihr so der Hydra nach, zu wählen
Den Diener, der mit eigenmächt'gem Soll
(Er nur Trompet' und Klang der Ungeheuer)
Frech Euren Strom, in sumpf'gen Teich will leiten
Und Eure Macht auf sich.«

>»So erniedern
Wir unser hohes Amt, sind Schuld, daß Pöbel
Furcht unsere Sorgfalt schilt. Dies bricht dereinst
Die Schranken des Senats und läßt die Krähen
Hinein, daß sie die Adler hacken.«

30

Die Tribunen wollen ihn ergreifen als »Neurer
und Empörer und Feind des Staats.« Das Volk
bringt ein mit den Aedilen an der Spitze. Offener
Aufstand. Coriolan verlangt von Adel und Senat die
entschiedenste Gegenrevolution; der Senat ist zu schwach
dazu. Die Senatoren, die Freunde, die Mutter Coriolan's, sie alle suchen ihn zu begütigen. Coriolan läßt
sich bewegen, sich vor dem Volke zu verantworten.

Aber die Tribunen kennen seine stolze Unbeugsam-
keit; sie müssen ihn vernichten, um jeden Preis. Die
Gerichtsscene beginnt. Die Tribunen suchen Alles
hervor, Coriolan auf's Fürchterlichste zu demüthigen.
Wie aber weiß dieser sich zu mäßigen, wie meisterhaft
spielt er die künstlich einstudirte Rolle! Da schleudert
Sicinius, der älteste Volkstribun, den Verdacht des
Verrathes gegen ihn.

> »Wir zeih'n Dich, daß Du hast gestrebt, zu stürzen
> Recht und Verfassung Roms, und so Dich selbst
> Tyrannisch aller Herrschaft anzumaßen,
> Und darum stehst Du hier als Volksverräther «

Coriolan.

Verräther? —

Menenius.

Still nur, mäßig, Dein Versprechen.

Coriolan.

Der tiefsten Hölle Gluth verschling das Volk!
Verräther ich? Du lästernder Tribun!
Und säßen tausend Tod in Deinem Auge,
Und packten Millionen Deine Fäuste,
Wär'n doppelt die auf Deiner Lügenzunge;

Ich, ich sage dennoch Dir, Du lügst! — die Brust
So frei, als wenn ich zu den Göttern bete.

Sicinius.

Hörst du dies, Volk?

Die Bürger.

Zum Fels mit ihm, zum Fels mit ihm!

Coriolan wird verbannt. »Bei Strafe vom Tar-
pej'schen Fels gestürzt zu sein, betret' er nie die Thore
Roms.«

Es ist unnachahmlich, wie wunderbar groß die
Peripetie dieses Stückes ist. Der Name eines Verräthers ist es, der dem Stolz des Coriolan so tief
in's Herz schneidet, daß er, alle klugen Vorsätze
vergessend, sich mit trotzigem Uebermuthe die Strafe
der Verbannung zuzieht. Und jetzt stürzt ihn das maß-
lose Ungestüm seines Stolzes gerade in dasselbe Ver-
brechen, dessen schuldlos bezüchtigt zu werden, ihn so
eben noch mit dem tiefsten Abscheu erfüllt hatte.

Coriolan geht nach Antium zu seinem großen Feinde,
zu Aufidius, dem tapfern Feldherrn der Volsker. Dort
wird er freudig empfangen; Aufidius und der volskische
Senat übergeben ihm sogleich die Hälfte des Heeres.
Coriolan an der Spitze der Feinde setzt ganz Rom in
den namenlosesten Schrecken; nur mit dem Untergange
Roms glaubt er seinen Rachedurst stillen zu können.
Der Arme! Er weiß nicht, daß kein Mensch seinen
Schatten vernichten kann, ohne sich selbst zu vernichten.

Rom, gedrängt von der fürchterlichen Belagerung, schickt zu Coriolan seine alten Freunde, ihm das Herz zu erweichen zu Gunsten der armen Vaterstadt; zuerst den Cominius, dann den Menenius. Vergebens! — Da erscheint, übermannt vom Anblick der allgemeinen Todesnoth, Coriolan's Mutter, Volumnia, seine Gemahlin Virgilia und mit dieser der kleine Marcius, der Sohn des Coriolanus. Und wäre er von Eisen, diesen Bitten könnte er auf die Dauer nicht Widerstand leisten. Der Kampf ist schwer; zuletzt aber siegt doch die Liebe in ihm. Er gewährt einen Frieden, wie alle Schwerter Roms ihn nicht erkämpft hätten.

Aber wie darf er Rom beschützen? Er, der Feldherr der Volsker? Wie konnte und durfte er für wenige Tropfen Weiberthränen den Schweiß und das Blut dieser großen Unternehmung verkaufen? Aufidius, ohnehin eifersüchtig darauf, daß Coriolan ihm seinen Feldherrnruhm und die Liebe der Truppen geraubt hat, weiß schlau diesen Punkt zu benutzen. Er leitet eine Verschwörung ein, er beschimpft ihn mit Fug und Recht mit demselben Namen eines Verräthers, den ihm einst in Rom die Tribunen grundlos entgegengeschleudert hatten. Der alte Groll der Volsker erwacht; jetzt wissen sie es wieder auf einmal, daß das derselbe Coriolan ist, der ihre Väter und Söhne und Gatten und Brüder mordete. Begünstigt durch den Tumult überfallen ihn die Verschworenen und durchbohren ihn.

33

Coriolan, obwohl edel und groß, ist zu Grunde gegangen an seinem Trotze, der sich nicht scheute, das Vaterland zu verrathen aus beleidigter Eitelkeit.

Blicken wir zurück. Was stehen wir hier auf einem durchaus anderen Boden als in jenen englischen Historien! Wie fest und sicher lagert dieser gewaltige Bau vor uns! Wie springen hier alle Fäden aus Einem gemeinsamen Mittelpunkt, und wie straff knüpfen sie sich zusammen zu einem in sich einigen, fest abgeschlossenen Ganzen! Hier ist selbst die leiseste Spur verschwunden von jener Willkür, für historische Stoffe eine besondere Ausnahmsstellung zu fordern. Und wie wir den Lear, den Hamlet, den Macbeth, den Othello und alle diese größten Werke unseres Dichters Charaktertragödien nennen, insofern sich die Schürzung und Lösung des Knotens, bis auf die feinsten Motive, mit innerster Nothwendigkeit aus dem Charakter des Helden herausspinnt, so glaube ich jenes Wort, das ich schon oben aussprach, jetzt mit allem Rechte noch einmal wiederholen zu dürfen, dieser Coriolan ist trotz seines historischen Stoffes durch und durch eine psychologische Charaktertragödie, ja er ist sogar ein unerreichbares Muster derselben.

Und ganz in derselben Weise hält sich »Antonius und Kleopatra« streng in den Grenzen einer solchen fest und folgerichtig ineinandergefügten Charakterentwicklung. Ich stimme durchaus ein in die ungetheilte Bewunderung,

mit der Coleridge gerade dieses Stück auszeichnet. Ich
versage es mir nur ungern, auf die Einzelheiten dieser
herrlichen Tragödie einzugehen; aber der knappe Raum
verbietet mir es unabweislich. Mit welch unnachahm-
licher Meisterschaft ist hier eine scheinbar prosaische Aufgabe poetisch durchgeführt; der geniale Antonius und
die dämonische Kleopatra unterliegen dem praktisch
schlauen, aber unbedeutenden Oktavius. Und wie unab-
wendbar liegt die traurige Nothwendigkeit dieser Nie-
derlage in dem Charakter des Antonius! Denn

> »Da durfte seiner Neigung Kitzel nicht
> Sein Feldherrnthum wegspotten, im Moment,
> Da halb die Welt der andern Hälfte trotzte
> Und Alles ruht' auf ihm!« —

Aber Julius Cäsar? Sollte wenigstens dieser nicht
in den alten Historienstil zurückfallen, oder vielmehr, da
er der Chronologie nach unter den römischen Stücken das
erste ist, steht er diesem Historienstil nicht noch sehr nahe?
Ganz gewiß nicht. Auch diese Dichtung ist durch und
durch eine fest geschlossene Tragödie. Alle Fehler, die
man hier einst rügen zu dürfen glaubte, als habe dies
Gedicht keinen eigentlichen Helden und keine Einheit der
Handlung, zerfallen in sich, sobald man nur die Grundidee ihren inneren Kern rein entfalten läßt. Nicht um
den Untergang Cäsar's handelt es sich hier, sondern einzig um den Kampf des republikanischen und
monarchischen Staatsprincips. Die römische Republik
zerbröckelt rettungslos trotz aller künstlichen Wieder-

belebungsversuche; die lebendige Seele ist aus ihr ge=
wichen.

Die Eingangsscenen führen uns sogleich ein in die
herrschende Weltlage. Das Volk jauchzt jubelnd über
die Hoheit Cäsar's und doch fürchtet es ihn, denn es
weiß, welche Gefahr der römischen Republik droht. Es
bildet sich gegen Cäsar eine Verschwörung; ihr Haupt
ist Cassius, der aus Neid keinen Größeren über sich
duldet, und Brutus, der Liebling Cäsar's, der den Cäsar
liebt, aber mehr als Cäsar liebt er die Freiheit. Cäsar
selbst tritt uns entgegen voll stolzer Herrschergelüste;
schon grämt er sich, daß ihm ein Thronerbe fehle; zu=
gleich aber ist er voll banger Besorgniß vor seinen
Gegnern, deren Verschwörung er ahnend vorausssieht.
Es nahen die Idus des Märzen. Brutus weiß den
Cäsar trotz der Abrathungen Calpurnia's unter der
Maske der Freundschaft zum Besuch des Senats zu
bewegen; Brutus durchbohrt ihn mitten im Senate.

Mit dem Tode Cäsar's, meinen die Verschworenen,
feire der alte republikanische Geist seine Auferstehung.
Brutus rechtfertigt die That vor dem Volke; er ge=
stattet dem Antonius die Trauerrede.

Aber in diesem Volke ist das Bedürfniß nach einem
monarchischen Götzen bereits unausrottbar. »Brutus
werde Cäsar!« jauchzt es in wahnsinniger Blindheit.
»In Brutus krönt Ihr Cäsar's beßre Gaben.«

3*

36

Nun tritt Antonius auf mit seiner berühmten Rede. Er entzündet eine offene Empörung gegen die Verschworenen; Cassius und Brutus müssen aus Rom fliehen; Antonius und Oktavius treten an Cäsar's Stelle. Auch die Völker in den Provinzen stehen zum größten Theile auf ihrer Seite.

Unter den Verschworenen selbst ist Entzweiung. Im Angesicht der drohenden Gefahr versöhnen sich zwar der edle Brutus und der geizige Cassius, aber es ist gewiß, die Wahrscheinlichkeit des Sieges ist entschieden auf der Seite der Cäsaren. Was wäre auch ein Sieg der Verschworenen? Er brächte dem morschen Staate nicht Frieden, sondern nur neue Kriege. Mit schauerlicher Gewißheit durchblitzen den Brutus diese Gedanken. Der Dichter hat dies vortrefflich geschildert durch den Geist Cäsar's, der den Brutus heimsucht.

Brutus.

Gieb Rede, was du bist.

Geist.
Dein böser Engel, Brutus.

Brutus.

Weswegen kommst du?

Geist.

Um dir zu sagen, daß du zu Philippi
Mich sehen sollst.

Es kommt der Tag der Entscheidung, die Schlacht von Philippi. Die Verschworenen unterliegen mit innerer Nothwendigkeit, denn sie haben keinen Glauben an

ſich ſelber. Caſſius erſticht ſich in voreiliger Haſt; die Verwirrung der Verſchworenen wird dadurch nur um ſo größer. Die Cäſaren erkämpfen den Sieg mit leich=tem Kaufe. Auch Brutus ſtürzt ſich verzweifelt in ſein Schwert nach Römerbrauch; der Geiſt Cäſar's iſt gekommen, Rache an ihm zu nehmen. Die Sieger beſtatten den Brutus mit allen Kriegerehren. Denn er war der beſte Römer unter Allen, das geſtehen ſelbſt die Feinde.

Man ſieht, auch dieſe Tragödie des Julius Cäſar ſchließt ſich feſt in ſich zuſammen. Ja vielleicht iſt ſie ſogar in ihrem Bau noch gerundeter als der Coriolan und Antonius und Kleopatra. —

Es bleibt einmal dabei, wir kommen immer und überall zu derſelben Entſcheidung. Die römiſchen Stücke, die die höchſte Blüthezeit des Dichters bezeichnen, ſtehen durchweg ganz unter denſelben Geſetzen der tragiſchen Geſtaltung wie alle anderen tragiſchen Stoffe, und nur die engliſchen Dramen aus der Jugendperiode des noch unfertigen Ringens und Strebens, wiſſen die ſtraffe Geſchloſſenheit der ſtrengen Tragödie nicht zu erreichen.

Lehrreich beſonders iſt in dieſer Beziehung auch der Titus Andronikus. Es iſt wohl kaum noch zweifelhaft, daß dies wirklich ein Shakeſpeare'ſches Werk ſei. Und auch dieſes hat durchaus den epiſchen Bau der Hiſto=rien! Dies iſt nur ein neuer Beweis, daß nicht die

verschiedene Natur der behandelten Fabel, sondern einzig
die verschiedene Höhe von Shakespeare's künstlerischer
Ausbildung jenen tiefgreifenden Gegensatz in der Kom=
position der englischen und römischen Stücke bedingt hat.

Wäre also wirklich ein Schwanken möglich, was
Shakespeare für das Wesen des historischen Drama
gehalten? Nein! Es ist unbestreitbar, das historische
Drama ist ihm schlechterdings nicht eine eigene, abge=
sonderte Gattung; es ist ihm, insofern hier nicht das
historische Lustspiel in Betracht kommt, durchweg reine
Tragödie, in Nichts von allen anderen Tragödien
unterschieden, als daß der Stoff zufällig der wirk=
lichen Geschichte entlehnt ist.

Ich gebe zu, vielleicht könnte man nun innerhalb
dieser streng tragischen Gesetze eine weitere kleine
Schattirung hervorheben. Ich habe den Coriolan und
Antonius und Kleopatra als psychologische Charakter=
tragödien bezeichnet. Der Julius Cäsar dagegen heißt
füglich eine geschichtliche Principientragödie. Denn in
diesem gehen die Träger des tragischen Gegensatzes so
schlechthin im geschichtlichen Leben ihrer Zeit auf, daß
sie, so zu sagen, gar kein isolirtes, rein persönliches
Privatgeschick für sich allein haben; ihr persönliches
Schicksal ist das Schicksal des ganzen Volkes, das
Schicksal eines Weltreiches, das Schicksal der Ge=
schichte, ihre Tragödie eine Welttragödie. Jedoch im

39

Ganzen genommen ist diese Unterscheidung nur von geringer Erheblichkeit. Der Unterschied zwischen Charakter= und Principientragödie ist nur ein glücklicher Griff des Stoffes, eine Steigerung des inneren Gehaltes; auf die formellen Gesetze und Bedingungen der künstlerischen Gestaltung als solcher hat er nicht den mindesten Einfluß. Das müssen wir unter allen Umständen festhalten.

Ist also das historische Drama ein wirkliches Kunstwerk, so ist es eben eine rein psychologische Charaktertragödie mit allen Gesetzen und Bedingungen dieser Kunstart. Nimmt dagegen das historische Drama für sich eigensinnig ganz besondere Eigenthümlichkeiten in Anspruch, da geräth es immer und überall in Verirrungen, die um so verderblicher werden, je eitler sie sich das Ansehen unantastbarer Naturgesetze zu geben streben.

So ist es in der That ein entschiedener Irrthum, wenn Ulrici, dieser feine und gründliche Kenner Shakespeare'scher Dichtung, in seinem trefflichen Buche über Shakespeare (2. Ausg. S. 616—628) auf Grund jener englischen Historien, wie das Ueberwiegen der epischen Darstellungsweise, so auch vornehmlich eine gleichartige Verschmelzung tragischer und komischer Elemente als eine innere Wesensbedingung des historischen Drama hinstellt. Auch hier ist es höchst bedeutsam, jene wuchernde Komik findet sich nur in den englischen Stücken. Die historische Tragödie, wie sie späterhin bei Shakespeare

in den römischen Stücken auftritt, erlaubt sich auch
hierin keine willkürlichen Ausnahmegesetze. Wie König
Lear mit dem Narren in den Wäldern umherirrt, und
der weise Narr dem wahnsinnigen Könige gegenüber
von der erhabensten Kraft ist, und wie auf der anderen
Seite die barsche Haltung des Othello jederlei parodische Narretheidung der Natur der Sache nach ausschließt, so verlangt - oder verbietet auch die historische
Tragödie den Humor der Komik, je nachdem im bestimmten einzelnen Falle eine solche humoristische Kehrseite dem höchsten tragischen Zwecke schadet oder gutthut.

Dies sind die Gesichtspunkte, von denen aus wir
unsere neuste historische Dramatik zu betrachten haben.
Wir wissen nunmehr, unbeirrt von allen blendenden
Doctrinen, mit Sicherheit, das Wesen der psycholo-
gischen Charaktertragödie ist auch hier unsere einzige
Richtschnur.

3.

Das Wesen der historischen Tragödie.

Man meine nicht, bies sei ein nutzloser Kampf gegen Windmühlen.

Es rächt sich eben boch, daß unsere gesammte neuere Dramatik nicht frei aus sich selbst entsprungen ist. Es ist unglaublich, wie tief bei uns noch immer dieser ben Shakespeare'schen Historien entlehnte Chronikenstil wur- zelt! Dramatisirte Anekdoten verwirft man überall als undramatisch; aber vom historischen Drama im Sinne einer dramatisirten Epopöe zu sprechen, das finden selbst durchgebildete Kenner und Künstler ganz in ber Ordnung.

Der unglückselige Zufall wollte es, baß unser größ- ter Dichter hier mit seinem verführerischen Beispiele voranging. Der Götz von Berlichingen ist burchaus in biesem epifirenden Tone gehalten, denn die Stürmer unb Dränger verwechselten überhaupt noch bie Einheit ber Person mit ber Einheit ber dramatischen Handlung.

Und ist auch Goethe selbst nachher niemals wieber in diesen Jugendfehler zurückgefallen, ja war er in seinem zweiten historischen Drama, im Egmont, sogar mit grober Verletzung der historischen Treue darauf bedacht, sich vor Allem einen klaren dramatischen Gegensatz zu gewinnen, so haben doch die Romantiker nach Kräften das Ihrige beigetragen, jene Irrlehre immer allgemeiner zu verbreiten. Denn zum Theil war diesen die Strenge ächt dramatischer Oekonomie aus Mangel an dichterischer Kraft in der That unerreichbar, zum Theil aber gefielen sie sich grundsätzlich darin, überall das Epische, Lyrische und Dramatische bunt durcheinander zu werfen, wie ja Tieck die Genoveva und ben Oktavian geradezu nach der episch-lyrischen Darstellungsweise des Shakespeare'schen Perikles gedichtet hat.

Wohl hätte man hoffen dürfen, der mustergültige Vorgang Schiller's, dessen ächt dramatischer Genius sich niemals solcher Irrthümer schuldig gemacht hat, würde hier ein nachdrucksvolles Gegengewicht zu bieten vermocht haben. Aber wie trügerisch ist diese Hoffnung! Wo die Nachahmer Schiller's sich nicht ganz und gar, wie die Theodor Körner und Auffenberg, in dialogisirte Jambenrhetorik verlieren, da werden sie, wie namentlich die Dichter der Restaurationszeit, unstät hin und her geworfen zwischen Shakespeare'schen, griechischen und spanischen Einflüssen. Und das macht die allgemeine Verwirrung nur um so ärger.

Hätte Tieck seine oft versprochenen historischen Dramen aus der deutschen Geschichte wirklich ausgeführt, sie wären auch nichts Anderes geworden als solche chronikalische Historien; etwa in derselben manierirten Breite, wie von seinem Freunde Matthäus von Collin einige unerquickliche Versuche vorliegen, die Geschichte Oestreichs von Leopold dem Glorreichen bis auf Rudolf von Habsburg zu dramatisiren. Und sind denn Raupach's Hohenstaufen und Nibelungen etwas Anderes? Und Grabbe's Hohenstaufen und Napoleon? Und Rückert's sogenannte Dramen? Ja, dies Uebel hat sich so tief in unsere Dichtung hineingefressen, daß selbst unsere jüngeren Dichter hierin in erschreckender Aehnlichkeit den von ihnen sonst so bitter bekämpften Romantikern gleichen. Oder ist z. B. Gutzkow's Wullenweber nicht auch eine solche dramatisirte Historie, eine bunte Folge lose aneinander gereihter Bilder und Scenen? Oder Laube's Monaldeschi und Struensee? Oder Griepenkerl's Robespierre und Gottschall's Lambertine von Mericourt, um an Hans Köster's jämmerliche Dramatisirung des großen Kurfürsten gar nicht einmal zu erinnern?

Kurz, immer und überall herrscht, nach wie vor, dieselbe dilettantische Verwechslung des Epischen und Dramatischen, derselbe trostlose Ungeschmack. Was nutzt es dann, wenn sich auch inzwischen von Zeit zu Zeit je nach der Tagesmode die Wahl der Stoffe verändert?

An und für sich ist es gleichgültig, ob uns unsere Dichter, auf Antrieb altdeutscher Phantastereien, Raumer's Hohenstaufen in Scene setzen, oder ob, in Folge revolutionärer Tendenzen, Lamartine's Geschichte der Girondisten. Da lobe ich mir wenigstens Herrn Melchior Meyr, der in Rötscher's dramaturgischen Jahrbüchern (1847 S. 212) in allem Ernste die Forderung stellt, die ganze Weltgeschichte zu dramatisiren. Der Mann ist doch consequent! Gott gebe zu diesem Beginnen seinen Segen! —

Alle solche Unternehmungen bekunden sogleich unzweideutig ihre rein epische Natur, indem sie folgerichtig durchgeführt, nur in einer in sich zusammenhängenden Dramenreihe denkbar sind, d. h. nur in der Form eines vollständigen ꝙlus.

Es ist nicht immer gehörig beachtet worden, wie durchaus undramatisch diese cyklische Kompositionsweise ist. Wie herrlich offenbart sich auch hier wieder die bewußtvolle Meisterschaft Shakespeare's! Nur die englischen Historien sind ein solcher eng ineinander verzahnter Cyklus; die späteren römischen Stücke dagegen alle sind streng abgeschlossene Einzeltragödien. Denn wenn Ulrici a. a. O. S. 624 den Versuch macht, auch den Coriolan, Julius Cäsar, Antonius und Kleopatra und den Titus Andronikus zu einem von Hause aus auf einander berechneten ꝙlus zusammenzuzwän-

gen, so möchte er wohl nur sehr spärliche Zustimmung
finden.

In der That, der η lus ist Nichts als dramatisir=
tes Epos. Er ist daher immer nur da, wo die dra=
matische Kunst sich erst aus ihren Anfängen unsicher
herausringt. Nur wenige Charaktere eignen sich zu
tragischen Helden. Zu je größerer Reinheit die tragische
Kunst sich erhebt, je wählerischer wird sie in ihren
Stoffen. Aristoteles bemerkt ausdrücklich im 13. Kap.
seiner Poetik, früherhin hätten die Tragiker jeden be=
liebigen Mythus behandelt, jetzt aber beschränkten sie
sich auf wenige auserlesene. Der η lus aber stellt sich
die Aufgabe, eine chronologisch fortlaufende Reihe ge=
schichtlicher Personen und Begebenheiten, einen ganzen
Zeitraum, oft von Jahrhunderten, zu umfassen. Der
η lus kann sich also seine Helden nicht frei wählen
nach rein künstlerischen Absichten; er muß sie nehmen
nach äußerer Nöthigung, wie sie ihm eben zufällig der
Lauf der Geschichte an die Hand giebt. Der Cyklus
kann aus diesem Grunde nicht lauter in sich abge=
schlossene, selbständig für sich bestehende Einzeltragödien
umfassen. Nur das Ganze als Ganzes giebt das volle
und ganze Bild, die tragische Idee, die Schuld und
deren Sühnung; die einzelnen Dramen aber, die den
Cyklus bilden, sind nur abgerissene Blätter aus der
Weltgeschichte, oft mitten in einem Satze beginnend und
ebenso mitten im Satze aufhörend, nur dienende Glieder,

die sich zum cyklischen Ganzen verhalten wie die einzel=
nen Akte zum einzelnen Drama. Wie aber vermöchten
solche selbstlose Mittelglieder auf der Bühne zu bestehen?
Welches Repertoir hat z. B. noch die Piccolomini?
Es ist daher eine schlagende Parallele, daß wie nur
der werdende Shakespeare, der noch unter epischen
Nachwirkungen leidet, in cyklische Kompositionen sich
einläßt, der reife Meister dagegen sich überall nur die
runde Geschlossenheit der fest auf sich beruhenden Ein=
zeltragödie zum strengsten Gesetz macht, so auch nur
Aeschylus, der unter den griechischen Tragikern der
epischen Kompositionsweise noch am nächsten verwandt
ist, in Trilogien, d. h. in Cyklen auftritt. Sophokles
dagegen, der auf der höchsten Höhe des dramatischen
Stils steht, verläßt diese cyklische Kompositionsweise
für immer; jede einzelne seiner Tragödien ist selbstän=
dig in sich abgerundet.

Bevor wir also nicht unbedingt und ohne Rückhalt
mit jenen chronikalischen Dramatisirungen brechen, dür=
fen wir uns schwerlich erfolgreicher Anfänge einer neuen
historischen Dramatik rühmen! Die historische Tragödie ist
nun einmal wesentlich psychologische Tragödie, und auch
da, wo sie sich bis zum principiellen Kampfe geschicht=
licher Weltmächte aufschwingt, dürfen nirgends episirende
Nachklänge die reine dramatische Gestaltung trüben.

Aber damit ist die Suche noch nicht abgethan. Im
Gegentheil; nunmehr erhebt sich erst die wichtigste Frage.

Wenn die historische Tragödie eine Tragödie wie jede andere ist, wodurch wird sie also specifisch zur historischen?

Mit anderen Worten: Wie stellt sich diese Tragödie zu ihrem geschichtlichen Stoffe? Wie muß sie beschaffen sein, daß sie in Wahrheit ihrem Namen entsprechend die Forderungen der Poesie und Geschichte, alle beide in gleicher Strenge, genügend erfülle?

Hier müssen wir zwei ganz verschiedene Gesichtspunkte genau von einander sondern. Das eine Mal haben wir den Stoff an sich zu betrachten, oder wie man es meist in einer sehr äußerlichen Auffassungsweise des dichterischen Schaffens zu bezeichnen pflegt, die sogenannte Wahl des Stoffes. Das andere Mal aber kommt die Art und Weise in Betracht, wie nun der Dichter diesen gewählten Stoff behandelt, ob er ihn rein objektiv gewähren läßt, oder ob er ihm mit mehr oder weniger subjektiver Willkür eine fremde und äußerliche Bedeutung aufdringt.

Ich spreche zunächst von der Wahl der Stoffe.

Wir haben bereits vernommen, daß sich neuerdings die wunderliche Ansicht gebildet hat, als sei die Bühne ein passender Ort zum anschaulichen und lebendigen Geschichtsunterrichte. Selbst ein Denker und Dichter wie Julius Mosen stellt ohne Bedenken dem heutigen Dramatiker die Aufgabe, »daß er den Proceß der Welt-

geschichte als Referent von der Bühne herunter dem
Publikum vortrage.« Und E. Palleske, von derselben
Anschauungsweise ausgehend, entwirft in seiner lehr=
reichen Schrift über Griepenkerl's Robespierre mit schnel=
ler Hand eine vollständig gegliederte Dramenreihe aus
der neueren Geschichte, die mit Cromwell beginnt und
mit Friedrich Wilhelm IV. nicht sowohl abschließt, als
vielmehr nur vorläufig aufhört.

Seltsam! Was geht uns denn in der Poesie die
Geschichte als Geschichte an? Verliert sie denn nicht in
dem Augenblicke, da sie in das Reich der Poesie tritt, alle
eigenen und selbständigen Rechte? Auch im historischen
Drama fragen wir nur nach Poesie, und einzig nach
dieser. Wo aber die Geschichte nackt für sich aus den
Coulissen heranstritt, mit dem zudringlichen Anspruch,
als Geschichte in selbständiger Geltung etwas ganz Be=
sonderes bedeuten zu wollen, da kehren wir uns unwil=
lig von ihr ab, wie wir uns von dem anmaßlichen
Schauspieler abkehren, der aus dem harmonischen Zu=
sammenspiel durch unzeitiges Vordrängen die Aufmerk=
samkeit auf seine eitle Persönlichkeit zu lenken trachtet.

Der Mensch sucht und findet in der Poesie immer
nur sein eigenes Denken und Fühlen. Das Drama, das
weiß schon Hamlet, soll daher der eigenen Zeit einen
Spiegel vorhalten. Folglich sind nur solche Stoffe zur
dramatischen Behandlung geeignet, die in innigster Wahl=

verwandtschaft zu den Stimmungen und Bedürfnissen des gegenwärtigen Zeitbewußtseins stehen. Ein Drama, das sich seinen Stoff nur aus gelehrt geschichtlichem Interesse gewählt hat, ist von Hause aus todtgeboren.

Lessing hat auch hier wieder den Nagel auf den Kopf getroffen. »Der Dichter,« sagt er, »braucht nicht darum eine Fabel, weil sie geschehen ist, sondern nur darum, weil sie so geschehen ist, daß er sie schwerlich zu seinem gegenwärtigen Zwecke besser erfinden könnte.« Der Dichter ist nicht der Geschichte dienstbar, sondern umgekehrt, die Geschichte wie das ganze Weltall einzig dem Dichter. Oder, wie Hebbel diesen Gedanken in seiner trefflichen Schrift »Mein Wort über das Drama« ausdrückt, die Geschichte ist für den Dichter nur ein Vehikel zur Verkörperung seiner Anschauungen und Ideen, nicht aber ist der Dichter der Auferstehungsengel der Geschichte. Nicht deshalb nimmt das historische Drama jetzt einen breiteren Raum ein als früher, weil wir jetzt eine tiefere Ansicht von dem Begriff der geschichtlichen Entwicklung haben, sondern einzig deshalb, weil wir Alle, und also auch unsere Dichter, jetzt bis in das innerste Mark hinein bewegt sind von politischen Kämpfen. Wo aber fände das politische Pathos naturgemäßere Nahrung als in den großen Spiegelbildern der geschichtlichen Vergangenheit?

In Hinsicht ihrer allgemeinen und unter allen Zeitverhältnissen unveränderten Geltung haben daher die

einfachen, rein pſychologiſchen Charaktertragödien, wenn
anders ſie wirklich von der Poeſie naturwahrer Charakteriſtik durchglüht ſind, jederzeit den entſchiedenſten
Vorſprung. Coriolan und Antonius und Kleopatra,
Fiesko und Wallenſtein, Taſſo und Egmont, — dieſe
Tragödien ſind immer und überall von derſelben tiefgreifenden Wirkung, ganz ebenſo wie Hamlet und Macbeth, denn es handelt ſich, auf ſo gewaltigen geſchichtlichen Grund ſie geſtellt ſind, in ihnen doch immer nur
um die ewige Menſchennatur, um rein menſchliche
Kämpfe und Leidenſchaften.

Mißlicher ſteht es um die im engeren Sinne geſchichtlichen Tragödien. Ich meine, um jene Tragödien,
die wie Shakeſpeare's Julius Cäſar nicht ſowohl einen
perſönlichen Seelenkampf darſtellen, ſondern einen geſchichtlichen Principienkampf.

Die Geſchichte, dieſe maulwurfsartig fortarbeitende
Selbſtentwicklung des Menſchen, iſt raſtlos wechſelnd
in ihren Beſtrebungen; bald nimmt dieſer, bald ein
anderer Kampf alle Kräfte in Anſpruch. Darnach wan-
deln ſich naturgemäß für dieſe geſchichtlichen Principien-
tragödien je nach den verſchiedenen Zeitläufen die paſ-
ſenden Stoffe. Shakeſpeare allerdings konnte einſt die
mittelalterlichen Kämpfe zwiſchen Fürſt und Vaſallen
darſtellen und er war der hinreißendſten Wirkung
ſicher; denn wie er ſelbſt aus der friſcheſten Erinnerung

herausdichtet, so ist auch seine ganze Zeit noch schmerz=
voll durchzittert von den fürchterlichen Nachwehen dieser
verheerenden Kämpfe. Heutzutage aber würden Stoffe
dieser Art spurlos verhallen; wir haben — Gott sei
Dank! — nichts mehr mit diesen Kämpfen zwischen
Fürst und Vasall oder zwischen Staat und Kirche ge=
meinsam. Das mögen Alle bedenken, die durch Scha=
den noch nicht klug geworden, uns noch immer mit
ihren mittelalterlichen Geschichten behelligen. Der voll=
ständigen Inscenesetzung eines geschichtlichen Handbuchs
ist ohnehin damit der Stab gebrochen! —

Immermann, der in seinen Memorabilien (Th. 2
S. 30 ff.) in sehr beherzigenswerther Weise über die
vielfachen Mißgriffe unserer historischen Dramatik sich
ausspricht, verweist daher mit großem Rechte die Dich=
ter der Gegenwart vorzugsweise auf Stoffe der neueren
Geschichte. Die Reformation und die ihr unmittel=
bar vorangegangenen Zeiten bilden die Grenzscheide.
Shakespeare's Julius Cäsar belehrt uns hinlänglich,
daß ein solcher Rath nicht in silbenstecherischer Einsei=
tigkeit zu verstehen ist; es scheint mir sogar wahrschein=
lich, daß gerade die nächsten Zeiten, die vor Allem
an der gründlichen Umgestaltung unserer gesellschaft=
lichen Zustände zu arbeiten haben, die Gracchen und
Spartakus und all diese römischen Anfänge der sozialen
Bewegung mit besonderer Vorliebe ergreifen werden.
Aber so viel ist gewiß, im Großen und Ganzen wird

schwerlich Jemand ungestraft dies goldene Wort des er=
fahrungsreichen Dichters unbeachtet laffen. Unfer eigen=
stes Herzblut pulfirt doch nur in der neueren Geschichte.
Daher der Zauber, mit dem sich unfere neuesten Dra=
matiker so unwiderstehlich zu den Bildern der ersten
französischen Revolution hingezogen fühlen! Wie könnte
es auch anders sein! Jene große Revolution ist ja
nur der erste furchtbare Anfang einer welterschütternden
Umwälzung, die noch heute zermalmend über unsere
Häupter dahin rollt. Meinethalb mag man streiten,
ob es möglich sei, diese gewaltigen Revolutionsgeschich=
ten in den knappen Rahmen dramatischer Gestaltung
einzufangen, oder ob diese wegen ihrer vorwiegend mas=
senhaften Bewegung nur epischer Natur seien. Ich gebe
gern zu, daß bisher weder Büchner's Danton, noch
Griepenkerl's Robespierre, noch sonst irgend ein anderes
deutsches oder französisches Drama diesen großartigen
Stoff zu bemeistern verstanden hat. Aber soll deshalb
schon jetzt das Genie des Dichters am glücklichen Ge=
lingen verzweifeln? In diesen Thaten und Charakteren
lebt wie sonst nirgends das eigenste Kämpfen und Wol=
len der Zeit, ihr Haß und ihre Liebe, ihre tiefste Furcht
und ihre Hoffnung. Und eben deshalb weiß der Dichter,
daß er mit einer solchen Dichtung eine Wirkung hervor=
ruft, die dem ganzen Volke in's innerste Herz greift und
es entflammt und entzündet, wie nur jemals in den
herrlichsten Tagen griechischer Herrlichkeit die dichterische
Verklärung der alten Stammesheroen das kunstsinnige

53

Griechenvolk entzündet und entflammt hat. Es ist mir
sicher, diese Revolution und ihre großen Helden, vor
Allem Danton und die Männer der Gironde und Robespierre, finden dereinst noch würdig ihre dichterische Auferstehung, ja vielleicht kommt sogar noch ein künftiger
Shakespeare, der selbst in der Geschichte Napoleon's die
Massen zu zwingen weiß und die Tragödie des ent-
arteten Sohnes der Revolution in all ihrer erschütternden Erhabenheit hinstellt. Aber freilich! die Verwirk-
lichung dieser stolzen Wünsche müssen wir wohl unseren
glücklicheren Nachkommen überlassen. Der Dichter, dem
dieser große Wurf gelingen soll, darf nicht mehr, wie
wir, mitten in der Revolution selbst stehen; im Voll-
genusse sicheren Glückes muß er mit freudiger Rührung,
auf diese schreckensreichen Weltstürme zurückschauen.

Damit münden wir in die Beantwortung der
zweiten Frage, die bei jedem historischen Drama in
Betracht kommt. Wie steht es um die Auffassung und
Darstellungsweise des Dichters? Ist er streng gebunden an die geschichtliche Ueberlieferung, oder darf er
sie ändern und modeln nach seinem Belieben und Bedürfniß?

Wir sind um die Antwort nicht verlegen, oder vielmehr, wir haben sie bereits ausgesprochen. Die strengste
Sachlichkeit liegt unverbrüchlich im Wesen der historischen Tragödie. Der Dichter fühlt sich ja nur darum

von diesen oder jenen Charakteren und Ereignissen er=
griffen und zu ihrer dichterischen Wiedergeburt begeistert,
weil sie ihm in Wahrheit wahlverwandt sind, d. h.
weil er in ihnen seine eigensten Gedanken und Ge=
fühle vorgebildet und zu voller Thatsächlichkeit verkör=
pert anschaut. Der Dichter darf daher unter keiner
Bedingung an der inneren Wesenheit des von außen
entlehnten Stoffes willkürlich rütteln. Er hatte das
Recht der freien Erfindung; warum hat er sich frei=
willig die Fesseln angelegt, wenn ihm die geschicht=
lichen Voraussetzungen nicht gemäß waren? Die histo=
rische Tragödie, wie der wahrhaft historische Roman,
dichtet in die geschichtlichen Vorgänge nicht etwas Neues
und Fremdes hinein; sie dichtet nur klar und Allen
offenbar die Poesie heraus, die in diesen selbst liegt,
wenn auch noch schlummernd und durch die Breite der
äußeren Zufälligkeit verdunkelt. Sie schält den Kern
aus der Schale, sie läutert das Gold von den Schlacken.
Die historische Poesie ist nicht eine regellose Zusammen=
würfelung von geschichtlichen Thatsachen und freier Er=
findung, sie ist nicht Wahrheit und Dichtung bunt
durcheinander; sie ist ganz Wahrheit und ganz Dichtung.

Vortrefflich spricht Solger über die Objektivität der
historischen Tragödie, in seiner ganz unschätzbaren Be=
urtheilung von A. W. Schlegel's dramaturgischen Vor=
lesungen. Er sagt (Nachgel. Schriften Th. 2 S. 579).
»Der dramatische Dichter kann auf diesem Standpunkte

feine Aufgabe durchaus nicht vollkommner löfen, als
wenn er fich ganz der wirklichen Gefchichte hingiebt,
aber nun diefe nicht blos aus ihren nächften Gründen,
fondern in ihrer allgemeinen Weltbedeutung vollftändig
verfteht und ein folches Verftändniß in den Handlungen
felbft erfchöpfend ausdrückt. Jede willkürliche Ver-
änderung der hiftorifchen Begebenheiten nach angeblich
höheren künftlerifchen Abfichten führt nur auf unreife
hiftorifche Hervorbringungen, in welchen man die Ein-
feitigkeit des vorausgefetzten Standpunktes und die leere
Einbildung, die, um ihn auszumalen, nothwendig an
die Stelle des wirklichen Lebens treten muß, fogleich
erkennt. Wir brauchen in unferer Literatur nicht weit
nach folchen Beifpielen zu fuchen, denen ungeachtet
mancher Vortrefflichkeit immer ein allzu ftarker Anftrich
von Unerfahrenheit und Unmündigkeit anhaftet, welche
die poetifche Herrfchaft über die Phantafie zerftört, zum
Zeugniffe, daß praktifche Weltkenntniß und der Geift
wahrer Civilifation da noch nicht zur gehörigen Reife
gekommen find. Es ift ähnlich dem Verhältniffe, wenn
ein Alter wie Euripides, um feine Halbphilofophie an-
zubringen, die Tradition der Heroenfagen willkürlich
abänderte. Shakefpeare hat das wahre hiftorifche Drama
in der Welt zuerft gefchaffen und bei ihm allein ift es
bis jetzt vollkommen gelungen.«

Ja wohl! Auch hier ift wieder Shakefpeare das
unbedingte Mufter. Vergleicht nur einmal die eng-

lischen Historien mit der Holinshed'schen Chronik, oder
die römischen Tragödien mit dem Plutarch, aus dem
er diese Geschichten geschöpft hat, — wie fest hält sich
der Dichter an die gegebenen Thatsachen und wie mei=
sterhaft weiß er doch aus ihnen die gefesselten Geister
der Poesie zu erwecken! Besonders dieser keuschen Ent=
haltsamkeit ist es zu danken, daß aus der Shakespeare'=
schen Dichtung allüberall so prall das tiefste Wesen,
und so zu sagen, die spezifische Witterung der ver=
schiedenen Zeiten und Völker herausspringt. Wie durch
und durch römisch ist der Geist seiner römischen Stücke!
Nirgends ist die durchsichtige Klarheit des inneren Ge=
haltes geschwächt und getrübt durch die ungerufen sich
vordrängende Subjektivität des Dichters.

Und dennoch haben gerade unsere größten Dichter
gegen dieses Grundgesetz der historischen Tragödie am
allerärgsten gesündigt. Schiller rügt es mit Recht
in seiner berühmten Beurtheilung des Goethe'schen
Egmont, daß hier der Held in einer Willkür gefaßt
sei, die allen geschichtlichen Erinnerungen absichtlich
Hohn spreche. Aber Schiller selbst ist seinerseits am
allerwenigsten frei von solchen subjectiven Willkür=
lichkeiten. Wer nimmt in Wahrheit seinen Don Carlos
oder den Wallenstein oder Maria Stuart für wirk=
lich historische Dichtung? Das heißt, für eine Dich=
tung, die das innerste Gepräge jener geschichtlichen
Persönlichkeiten naturwahr wiederspiegelt? Und je älter

57

Schiller wird, desto subjectiver wird er. Ich mag hier
nicht wiederholen, wie sehr Schiller in seinen späteren
Dramen sich überall leiten läßt von gelehrt antikisiren=
den Kunstansichten, denn ich habe dies in meiner Schrift
über die romantische Schule (Braunschweig 1850) aus=
führlich verhandelt. Jedenfalls aber ist es beachtens=
werth, je mehr und mehr er der ewig maßgebenden
Kunst Shakespeare's den Rücken wendet, desto unbe=
quemer wird ihm auch der Zwang geschichtlicher Treue.
Halb sagenhafte Gestalten wie die Jungfrau von Orleans
und Wilhelm Tell, oder frei erfundene wie die Braut
von Messina, oder untergeordnet episodische wie Deme=
trins, entziehen ihn jetzt gänzlich dem geschichtlichen
Drama; die Phantasie hat in ihnen einen weiteren und
freieren Spielraum. Wie in jeder anderen Hinsicht, so
bewährt sich auch vom Gesichtspunkte der geschichtlichen
Strenge der Fiesko als eine der besten Tragödien
Schiller's.

Wie verderblich ist aber diese idealistische Schwäche
unseres größten Dramatikers für unsere gesammte dra=
matische Literatur geworden! Lassen wir die nächsten
Nachahmer Schiller's lieber ganz unbeachtet, denn von
diesem servum imitatorum pecus versteht es sich ja
ohnehin, daß es immer nur die Fehler nachahmt und
niemals die Tugenden. Aber auch heute noch haben
wir fast überall dasselbe spukhafte Wesen! Was gilt
z. B. Robert Prutz als Tragiker? Sind seine Helden,

fein Moritz von Sachfen, fein Karl von Bourbon und
zuguterletzt fein Erich der Bauernkönig, etwas Anderes
als modern rhetorifche Masken für die glühenden Frei-
heitsideale des Dichters? Von wirklich hiftorifchem
Blute rollt nicht ein Quentchen in ihren Adern. Und
wenn Hebbel fich aus altjüdifchen Gestalten, wie aus
Judith und aus Mariamne, fich allermodernfte, Georg
Sand'fche Frauencharaktere künftlich herausfchnitzt, fo
ift das ganz diefelbe unkünftlerifche Willkür; obfchon
nicht zu leugnen ift, daß Hebbel den einmal ange-
fchlagenen Grundton mit genialfter Folgerichtigkeit feft-
hält und nirgends mit feiner Perfönlichkeit aus dem
streng gefchloffenen Kreife des Gedichtes ftörend her-
anftritt.

In der neueften Zeit kommen wir hier gradwegs
wieder zurück auf die biblifchen und teutonifchen Stücke
Klopftock's. Nicht genug, daß neuerdings auch Alfred
Meißner »das Weib des Urias« in Hebbel'fcher Weife
modernifirt hat, — ein Herr Franz Hedrich führt uns
fogar, wie Byron, ohne freilich Byron's Kraft zu be-
fitzen, in die adamitifchen Zeiten von Kain's Bruder-
mord! Es ift kaum zu fagen, ob es mehr widerlich
oder mehr lächerlich ift, wenn fich diefe »vorfündfluth-
lichen« Menfchen im modernften Salonton bewegen.

Hier vor Allem bedarf unfere junge dramatifche
Kunft einer gründlichen Heilung! Wir wollen hoffen,

daß der gesunde realiſtiſche Sinn der Gegenwart, der
uns z. B. auch in der Landſchaftsmalerei aus aller hoh=
len Idealität in die lebendige Naturwirklichkeit hinein=
geführt hat, endlich einmal auch in der dramatiſchen
Poeſie wirkſam durchgreife. Hier iſt es, wo ich mit
Julius Moſen, deſſen Anſichten vom hiſtoriſchen Drama
ich im Verlaufe dieſer Betrachtungen öfters bekämpfte,
in freudigſter Uebereinſtimmung zuſammentreffe. Moſen
nennt das Goethe=Schiller'ſche Drama wegen ſeiner vor=
wiegend ſubjektiven Richtung das »mythiſche« Drama,
und auch er betrachtet es als die erſte Bedingung ge=
deihlichen Fortſchritts, daß wir hier mit Strenge wie=
der den großen thatſächlichen Stil Shakeſpeare's in
ſeine unverjährbaren Rechte einſetzen.

Wir haben ſo viel über falſche Shakeſpearomanie
zu klagen! Und wie ſelten erfaßt man noch immer
Shakeſpeare in ſeinem innerſten Kerne! Jeder Narr
glaubt ſeinem tragiſchen Helden einen Shakeſpeare'ſchen
Narren mit auf den Weg geben zu müſſen, und nur
Wenige unterſcheiden, was in Shakeſpeare blos der
Zeit angehört und darum vergänglich iſt, und was die
ewig unantaſtbaren Geſetze in ihm ſind, die kein Dich=
ter ungeſtraft überſpringen darf.

Das hiſtoriſche Drama muß durch und durch aus
dem eigenſten Herzblut der eigenen Zeit herausdichten
und dabei doch den Lokalton des geſchichtlichen Helden

mit Sicherheit treffen. Das ist und bleibt das ewige
Gesetz dieser Kunstart. Und erst dann, wenn diese große
Aufgabe glücklich gelöst ist, können wir in Wahrheit
anfangen, bei uns von einer neuen geschichtlichen Dra=
matik zu sprechen.

Bis dahin aber, fürchte ich, währt es noch lange
Zeit.

II.

Das bürgerliche Drama.

1.

Das Wesen des bürgerlichen Drama.

Auf der Bühne sowohl wie in der Literatur nimmt das bürgerliche Drama nach wie vor einen sehr breiten Raum ein. Nichtsdestoweniger lassen sich seit einiger Zeit mehrfache Stimmen vernehmen, die den Werth desselben völlig in Frage stellen und nicht übel Lust zeigen, es für die Zukunft ganz und gar zu vernichten.

Das bürgerliche Drama hat politische und ästhetische Gegner.

Jene politischen Gegner sind unverständige Polterer. Als zu Anfang der vierziger Jahre sich die ersten Keime einer neuen politischen Lyrik erhoben, da waren sie auch gleich bei der Hand und verlangten, wir sollten nur von Krieg und Revolution und Freiheit singen und darüber unsere alten herrlichen Lieder von Wein und Liebe und Frühling vergessen. Und jetzt heißt es wieder, das neue Drama dürfe sich nicht mehr kümmern um die kleinen Leiden des stillen Privatlebens,

es dürfe nur noch die großen öffentlichen Kämpfe dar=
stellen; das Reich des Dramatikers sei einzig das große
geschichtliche Drama.

Was denken sich diese Menschen nur unter dem
Begriffe des Staates? Also gegen das tiefe Weh,
das durch alle unsere sittlichen und gesellschaftlichen
Verhältnisse hindurchgeht, sollen wir eigensinnig Herz
und Auge verschließen und nur Sinn und Mitgefühl
haben für das, was zunächst als offener Kampf der
höchsten Staatsprincipien heraustritt? Ist das nicht, als
verdecke man sich geflissentlich den ganzen wunderbar
gegliederten Bau eines mächtigen Domes und würdige
nur oben die prahlerisch armselige Thurmspitze einer
bewundernden Betrachtung? Fortwährend zeigt uns
die große George Sand in ihren socialen Romanen,
daß die Dichtung überall den innersten und geheimsten
Nerv der Gegenwart bloß legen und dabei doch durch
und durch die feinste Grenzlinie reinster Kunstschönheit
festhalten könne. Und gerade die Bühne, deren Bret=
ter die Welt bedeuten, sollte nicht darstellen dürfen,
was im Romane nicht erlaubt nur ist, sondern überall
Aller Herzen packt und fortreißt?

Von ganz anderer Art sind Diejenigen, die aus
rein künstlerischem Bedenken das bürgerliche Drama
befeinden. Aber freilich muß man auch wiederum diese
ästhetischen Gegner in zwei ganz bestimmte Gruppen
sondern. Auch hier bleiben die einen lediglich am Stoff

haften; die anderen dagegen schreiten wirklich fort bis
zur Würdigung der inneren Kunstgesetze.

Julius Mosen ist der hauptsächlichste Vertreter jener
ersten Richtung. Jene Ansicht, als sei es die Aufgabe
des heutigen Dramatikers, daß er »den Proceß der
Weltgeschichte als Referent von der Bühne herunter
dem Publikum vortrage«, bekundet hier augenblicklich
ihre Einseitigkeit in schneidendster Weise. Auf diesem
Standpunkte ist das bürgerliche Drama nicht blos für
die Gegenwart unzeitgemäß, sondern streng genommen
ist es überhaupt ein Unding; und Mosen hat dies auch
in der That im Vorwort zu seinem »Theater« uuver=
holen ausgesprochen. Mit dieser Ansicht haben wir hier
weiter nicht zu rechten. Wir überlassen es der Theorie
des historischen Drama, sie aus allen Posten heraus=
zuschlagen.

Ersprießlicher ist es, wir verständigen uns mit Denen,
die das bürgerliche Drama nur deshalb verwerfen, weil
sie den unschönen Naturalismus verabscheuen, der in
den meisten Stücken dieser Kunstart vorherrscht und
daher allerdings eine innere Nothwendigkeit der Sache
selbst zu sein scheint.

Dies ist der Angelpunkt. Kein Mensch wird leng=
nen, daß Alles, was uns bisher unter dem Namen des
bürgerlichen Drama geboten ward, fast durchweg an
der entsetzlichsten Prosa leidet. Es frägt sich also, ist

dies zufällig und nur durch äußere Umstände herbei=
geführt, oder liegt diese Prosa unvermeidbar im Wesen
dieser Kunstart selber? Ich für mein Theil glaube dies
nun und nimmer. Ich bin überzeugt, man thut Un=
recht, will man so ohne Weiteres die Gegenwart und
Zukunft des bürgerlichen Drama nach seiner zweideu=
tigen Vergangenheit messen. Die Fehler und Schwä=
chen, in die das bürgerliche Drama bisher meist
verfallen ist, sind durchaus nicht Fehler und Schwä=
chen seines inneren künstlerischen Wesens; es sind nur
die Fehler und Schwächen jenes Zeitalters, dem es
zunächst seinen Namen und Ursprung zu danken hat.
Verwerfen wir das bürgerliche Drama blos deshalb,
weil es, mit wenigen Ausnahmen, für jetzt nur immer
sehr ungenügende Früchte getragen hat, so schütten wir
in Wahrheit, so zu sagen, das Kind mit dem Bade
aus. Baut es auf eine andere sittliche und gesellschaft=
liche Grundlage, als auf die Ihr bisher es zu bauen
gewohnt seid, und ich bin sicher, das bürgerliche Drama
ist nicht nur vor allen mißliebigen Angriffen für immer
gerettet, es ist sogar alsdann allen höchsten Kunstgat=
tungen vollkommen ebenbürtig.

Man darf nicht vergessen, das bürgerliche Drama,
wie es sich gegen die Mitte des vorigen Jahrhunderts
unter besonderem Namen und als besondere Gattung
herausgebildet hat, ist wesentlich ein Kind der mora=
lischen Aufklärung. Daraus erklärt sich Alles. In dem

67

Augenblicke, da es mit allen Ueberlieferungen und Nach=
wirkungen dieses unglückseligen Ursprunges zu brechen
weiß, verschwinden auch für immer alle jene Jämmer=
lichkeiten und Niedrigkeiten, durch deren Darstellung es
mit Recht in verdienten Verruf gekommen ist. Wir
stehen dann auch hier auf gesundem poetischen Boden,
athmen dieselbe reine und klare Luft wie in jeder an=
deren dramatischen Gattung; aber die Wirkung ist hier
nur um so hinreißender, je vertrauter und verwandter
die Personen und Verhältnisse sind, mit denen wir hier
verkehren.

Zum Zeugen rufe ich die Geschichte auf. Es kommt
nur darauf an, das Wesentliche vom Unwesentlichen zu
unterscheiden.

Das bürgerliche Drama erhebt sich in England und
in Frankreich zu gleicher Zeit. Es war dies die natür=
liche Folge der durchaus veränderten Stellung, die seit
dem Sturze des Feudalwesens überall das bürgerliche
Leben einnimmt. In England verliert durch die Revo=
lution die romantische Poesie allen Boden. Von da
an ist die ganze englische Literatur, namentlich auch
das Drama, auf alle höheren Reize einer dichterischen
Zauberwelt verzichtend, lediglich Sittengemälde; unter
der Zügellosigkeit der Stuart's frech und gemein, seit
der durchgreifenden Sinneswandelung, die unter Wil=
helm von Oranien in England sich geltend machte,

fein, anſtändig, ſittlich). Als unmittelbarer Ausdruck dieſer proſaiſchen, aber ehrbaren Sinnesweiſe entſtehen ſofort die moraliſchen Zeitſchriften Steele's und Addiſon's und die damit eng zuſammenhängenden engliſchen Familienromane. Dieſe moraliſchen Rührungen finden allmälig auch in der Tragödie Eingang. Im Jahre 1731 wird der »Kaufmann von London« aufgeführt. George Lillo wird dadurch gewiſſermaßen der Erfinder des bürgerlichen Trauerſpiels. Er erklärt in ſeinem Vorwort ausdrücklich, daß er den Zweck der Tragödie in die moraliſche Beſſerung ſetze. Kein Wunder, daß ihm über der Moral inzwiſchen die Poeſie abhanden gekommen.

Ein junger Kaufmannsburſche, George Barnwell, geräth in die Schlingen einer Buhlerin. Er beſtiehlt auf deren Anſtiften ſeinen Lehrherrn und mordet zuletzt, um ein reicher Erbe zu werden, ſogar ſeinen Oheim. Die Unthat wird entdeckt; der Mörder und die Buhlerin werden hingerichtet; im Hintergrunde der Bühne ſteht der Galgen. Als die Moral des Ganzen ergiebt ſich ſchließlich die ſchöne Lehre: »Meidet unzüchtige Frauensleute, die eben ſo falſch als ſchön ſind.« Ich kann das Stück gar nicht leſen, ohne daß mir das bekannte Lied vom alten Schartenmaier im Kopfe herumſummt, das die ſchreckliche Hinrichtung eines ehrſamen ſchwäbiſchen Pfarrers erzählt, der ſein Kind ermordet hatte, und das nun aus dieſer Geſchichte

die ergötzliche Moral zieht: »O verehrtes Publikum,
bring doch keine Kinder um.«

Das Stück fand den ungetheiltesten Beifall. »Die
unglückliche Neugier« von demselben Verfasser und »der
Spieler« (the gamester) von Edward Moore sind
durchaus im Sinne derselben handgreiflichen Ab=
schreckungstheorie. Aber auch sie haben denselben glän=
zenden Erfolg. Das bürgerliche Trauerspiel hatte seit=
dem unbestreitbar das Bürgerrecht.

Und ganz derselbe Proceß stellt sich in Frank=
reich dar; durchaus unabhängig von England, rein
durch den Geist der Zeit getrieben. Jedoch geht er
hier von der Komödie aus; die Tragödie mit ihren
festen Gebräuchen und Ueberlieferungen war für der=
artige unerhörte Neuerungen viel zu starr und unbeug=
sam. Von Molière's Misanthrope, der nach Goethe's
treffender Bemerkung bereits an das Tragische anstreift,
ist nur ein Schritt zum Glorieux und Dissipateur des
Destouches und von da weiter zur Comédie larmoyante des Nivelle de la Chaussée. Alle diese Stücke,
die gewöhnlich von Ehe und ehelicher Treue handeln,
stehen durchweg auf demselben unkünstlerischen Boden
faustdicker moralischer Rührung, wie ihr würdiger
Gegenpart, das bürgerliche Trauerspiel Englands.

So war die Lage der Dinge, als in Deutschland Les=
sing und in Frankreich Diderot sie in die Hand nahmen.

70

Nach Deutschland war das weinerliche Lustspiel durch
die Mühewaltung der gewerbthätigen Frau Gottsched
gekommen. Und wirklich hatte die neue Kunstart auch
hier den freudigsten Anklang gefunden. Gellert schrieb
nicht nur seine »zärtlichen Schwestern«, er schrieb so=
gar zum nähern Verständniß der ganzen Gattung eine
besondere Schutzschrift. Aber wie hätte sich der kunst=
sinnige Lessing jemals mit diesem weinerlichen Lustspiel
versöhnen mögen! Er vernichtete es für immer durch
seine gründliche Polemik in der theatralischen Bibliothek
von 1754 (Lachmann IV. S. 106—155). Sein refor=
matorisches Streben wandte sich auch hier bereits hin=
über nach England; obgleich er sich sagen mußte, daß
ihm die englische Form des bürgerlichen Trauerspiels
eben so wenig genüge, wenigstens nicht diejenige, die
unmittelbar aus den Händen George Lillo's hervor=
gegangen war. Lessing durchschaute das Peinigende
dieser Machwerke; er wußte, daß die Tragödie vor
Allem diese rein kriminalistische Färbung vermeiden
müsse. Was that er also, da doch der ganze Zeitgeist
in die bürgerliche Welt hinüberdrängte und da ihm,
der schon als Jüngling in seinem »Henzi« den ersten
kühnen Versuch einer bürgerlichen Tragödie gewagt
hatte, die Berechtigung dieser Kunstgattung über allen
Zweifel erhoben sein mußte? Was that er? Er er=
kannte mit seinem durchdringenden Kunstverstande, der
überall an die höchste Spitze dichterischer Intuition hin=
anreicht, die einzig möglichen Grundlagen, auf die das

bürgerliche Drama seiner innersten Natur nach ein für
allemal angewiesen ist. Dies aber ist der sittliche Kreis
der Familie. Danzel hat in seinem vortrefflichen Leben
Lessing's (Th. I. S. 309 ff. vergl. S. 472—75) mit
gründlichster Sachkenntniß unwiderleglich dargethan,
mit wie feiner Berechnung Miß Sara Sampson, das
erste wahrhafte bürgerliche Trauerspiel der Deutschen,
Zug für Zug aus der 1748 erschienenen Clarissa Richard=
son's entstanden ist. Und damit war die gefährliche
Klippe der Kriminalgeschichte glücklich umgangen.

Aehnlich Diderot. Auch Diderot, dessen ganze
Denkweise ebenfalls von englischen Anregungen ausgeht,
vertieft sich in die englischen Sittenromane und spricht
es schon 1753 bei Nivelle de la Chaussée's Tode aus,
daß er sich sehr wohl eine Gattung der Komödie den=
ken könne, die weit tragischer sei als die weinerliche.
Das bürgerliche Trauerspiel der Engländer findet daher
von vornherein in ihm den entschiedensten Verehrer;
Lessing's Miß Sara Sampson empfiehlt er den Fran=
zosen aufs Wärmste. Und was insbesondere die Ko=
mödie angeht, so macht er aus der weinerlichen die
ernste, d. h. um in seinen eigenen Ausdrücken zu spre=
chen, aus der comédie larmoyante das genre sérieux,
das Schauspiel. Durch den »natürlichen Sohn« und
durch den »Hausvater«, die aus dieser Anschauung
hervorgegangen sind, wird er der Urheber all jener un=
zähligen rührenden und empfindsamen Sitten= und Fa=

miliengemälde, die eine Zeitlang ganz Europa über-
flutheten, und die durch die Schröder und Iffland und
die Koßebue und Clauren namentlich in Deutschland
ihre natürlichste Heimath fanden.

In der That, der Umschwung, den Lessing und
Diderot hervorgebracht hatten, war in seinen Folgen
unermeßlich. Man sieht das schon daraus, daß George
Lillo und seine Nachahmer ebenso wie das weinerliche
Lustspiel rettungslos von der Bühne verschwunden sind,
die Lessing'schen Dramen dagegen und einzelne Stücke
von Schröder und Iffland und Koßebue noch immer
nach wie vor mit Glück ihre alte Anziehungskraft zu
behaupten wissen. Und dennoch, wie Recht haben die
Gegner dieser Dramen! wie durchaus prosaisch sind
auch sie noch alle insgesammt!

Bei Lessing erschüttert uns nirgends die tiefe Tragik tiefer Naturen; immer und überall läuft auch bei
ihm noch Alles auf die hausbackenste Moral hinaus!
Miß Sara Sampson und Emilia Galotti drehen sich
einzig um die alleräußerste Spitze des äußeren Moral-
gebots, um die jungfräuliche Keuschheit, Minna von
Barnhelm sogar um peinliche Delikatesse in Geldsachen,
und selbst der Nathan ist im Grunde genommen nichts
als eine moralische Toleranzpredigt. Was nützt dann
schließlich die rasch fortschreitende, ächt dramatische Handlung, der scharf pointirte Dialog, die feine Naturwahr-

heit und psychologische Folgerichtigkeit der Charakteristik?
Der Grundfehler, der in der Engherzigkeit der Con=
ception liegt, läßt sich schlechterdings nicht verdecken.
Die Katastrophe folgt nicht mit innerster Nothwendig=
keit aus der Schuld; immer entscheidet ein Deus ex
machina, ein äußerer Zufall. In der Miß Sara
Sampson die gekränkte Eifersucht einer giftmischerischen
Buhlerin; in Emilia Galotti die durchaus unmotivirte
Furcht, die Emilia vor sich selbst hat, als könne sie
jemals schwach genug sein, sich in den Armen eines
gewaltthätigen Wüstlings zu vergessen; in Minna von
Barnhelm die unerwartete Nachricht, daß der längst
verloren geglaubte Ruhegehalt dennoch endlich bezahlt
wird; im Nathan die Entdeckung, daß diese verschieden=
artigen, aus allen vier Weltgegenden zusammen=
gewürfelten Menschen zufällig alle einer und derselben
Familie angehören.

Und nun gar die vielberufenen Familienstücke der
Schröder, Iffland und Kotzebue! Es ist wahr, diese
Stücke alle haben den großen Vorzug, daß sie unserm
eigensten Leben entnommen sind. Sie sind national;
deshalb packen und zünden sie die Massen. Aber was
sie darstellen, das ist nicht verklärende Poesie, sondern
eben nur die splitternackte Wirklichkeit selber. Das
Schicksal in diesen Stücken ist ein Bankerott, die Lö=
sung ein reicher Vetter aus Lissabon oder Mexiko, der
die Schulden bezahlt und die reumüthige Familie in

ihre alte Herrlichkeit wieder einsetzt. Es soll, wie der
Dichter sagt, das Christlich-Moralische rühren, und was
recht populär, häuslich und bürgerlich ist.

»Was? Es dürfte kein Cäsar auf Euren Bühnen sich zeigen,
Kein Achill, kein Orest, keine Andromache mehr?«
Nichts! Man siehet bei uns nur Pfarrer, Commerzienräthe,
Fähndriche, Sekretärs oder Husarenmajors.
»Aber ich bitte Dich, Freund, was kann denn dieser Misère
Großes begegnen, was kann Großes denn durch sie gescheh'n?«
Was? Sie machen Kabale, sie leihen auf Pfänder, sie stecken
Silberne Löffel ein, wagen den Pranger und mehr.
»Woher nehmt Ihr denn aber das große gigantische Schicksal,
Welches den Menschen erhebt, wenn es den Menschen zermalmt?«
Das sind Grillen! Uns selbst und unsere guten Bekannten,
Unsern Jammer und Noth suchen und finden wir hier.

Freilich, wenn diese Armseligkeiten das eigentlichste
Wesen des bürgerlichen Drama sein sollen, wer dürfte
da zaudern, es für immer aus dem Reich der Poesie
zu verweisen?

Aber diese trocken moralisirenden Trauerspiele und
dieser dürre Familienjammer, sind sie denn wirklich das
eigenste Wesen des bürgerlichen Drama?

Nimmer!

Es ist durchaus ohne Grund, daß man bei dem
Namen des bürgerlichen Trauerspiels immer nur an
Spielschulden und verkannte Unschuld und ähnliche spieß-
bürgerliche Jämmerlichkeiten zu denken pflegt. Soll
dieser Name überhaupt einen Sinn haben, so ist er

nur als Gegensatz gegen die historische oder mythische Tragödie zu fassen und er kömmt dann ohne Unterschied allen solchen Stücken zu, die sich im Kreise der Familie und der Gesellschaft bewegen.

Lediglich die steife Absonderlichkeit der französischen Tragödie, die nur Könige und Halbgötter auf den Kothurn stellt, ist die Ursache, daß sich der Name des bürgerlichen Drama als Bezeichnung einer abgesonderten Gattung herausgebildet hat. Die Sache selbst ist schon sehr alt. An und für sich betrachtet, ist das bürgerliche Drama ein Drama wie jedes andere; nur sucht es seine Helden nicht auf den Thronen der Könige oder auf den Höhen der Geschichte, sondern in den niederen Kreisen des Lebens, unter schlichten einfachen Verhältnissen. Unterscheidet sich daher die neuere Zeit von dem Alterthum und Mittelalter hauptsächlich durch die Befreiung, die sie dem Einzelnen als Einzelnen gebracht hat, durch die gleichmäßige Anerkennung des rein Menschlichen in Allen, ohne Ansehen der Person und des Staudes, so liegt es durchaus in der Natur und in der Nothwendigkeit der fortschreitenden geschichtlichen Entwicklung selber, daß das sogenannte bürgerliche Drama sich sogleich mit dem Beginn der neuen Geschichte erheben muß. Und so fallen denn auch in der That die Anfänge desselben durchweg zusammen mit den Anfängen der modernen Denkart; jeder Mensch hat sein Schicksal, der dürftigste Bürger so gut wie

der gewaltigſte König. Schon die älteren engliſchen
Dichter greifen daher, wenn ſie aus der romantiſchen
Mährchenwelt ſich auf den Boden der Wirklichkeit ſtel=
len, mit ſicherer Hand in dieſe Richtung hinüber. Und
dies nicht etwa wie »der Flurſchütz von Wakefield«
blos in gemüthlicher Komik, ſondern ebenſo ſehr im
tiefſten Ernſte erſchütternder Tragik. Die chronikaliſche
Tragödie vom »Arden in Feversham« und »das Trauer=
ſpiel von Yorkſhire«, aus dem, wie bereits Leſſing
(XI, 343) bemerkte, Edward Moore ſeinen oben er=
wähnten »Spieler« entlehnt hat, ſind ſolche altengliſche
bürgerliche Trauerſpiele, wenn auch noch ein wenig
allzu mordgeſchichtenartig behandelt. Und was fehlt denn
dem »Londoner Verſchwender« zu einem dramatiſchen
Familiengemälde im modernſten Sinne des Wortes?
Mögen nun dieſe Stücke, wie Tieck will, unmittelbar
von Shakeſpeare ſelbſt herrühren oder nur von deſſen
älteren Zeitgenoſſen; ſo viel ſteht feſt, auch Shakeſpeare
hat keinen Augenblick Bedenken getragen, ſolche bürger=
liche Stoffe zum Vorwurf zu nehmen. Warum denkt
man denn alſo bei dem Namen des bürgerlichen Trauer=
ſpiels immer nur an Iffland'ſche und Kotzebue'ſche Er=
bärmlichkeit? Romeo und Julie, Othello, Timon von
Athen, ja ſelbſt der Lear, in denen Staat und Krieg
und die Mährchenwunder der romantiſchen Poeſie völlig
zurücktreten vor den Schrecken und Kämpfen der häus=
lichen Wirklichkeit, was ſind ſie, wenn nicht ſolche ſtreng
bürgerliche Tragödien? Ja ſelbſt die Spanier haben

diese Kunstart, obschon allerdings nach den festen Ge=
bräuchen der spanischen Bühne nicht im Sinne der
reinen Charaktertragödie. Wer kennt nicht als groß=
artigstes Musterstück den »Schultheiß von Zalamea«?

Also auch die beiden größten neueren Dramatiker,
Shakespeare und Calderon, finden wir unter den Dich=
tern des bürgerlichen Trauerspiels. Kein Mensch aber
wird behaupten, daß diese Dichter hier in diesen bür=
gerlichen Tragödien zurückgeblieben wären hinter der
Höhe ihrer anderen Dichtungen. Zählen wir doch
gerade Romeo und Julie und den Schultheiß von Za=
lamea unter die vollendetsten Kunstwerke! Und da
wagt Ihr dennoch die Berechtigung und Lebensfähig=
keit des bürgerlichen Drama in allem Ernst zu be=
streiten? Hatte ich nicht Recht, wenn ich sagte, daß
Ihr zu einem Mangel der Kunst gemacht habt, was
nur der Mangel jenes Zeitalters war, das es für gut
fand, dieser Gattung einen besonderen Namen zu geben?

Nur Könige oder bedeutende geschichtliche Helden
sollten ein bedeutendes, weltbewegendes Schicksal haben?
Und in der Enge häuslicher Kreise sollte kein großes,
gigantisches Schicksal sein, sondern nur niedriger Jam=
mer und prosaisches Elend? Unbegreifliche Kurzsichtig=
keit! Durchzuckt ein großer Schmerz nicht alle Theile
des Körpers gleichmäßig und oft den unscheinbarsten
Nerv am allermächtigsten? Wo ist Derjenige, der sich

heut vor uns hinstellen könnte, ohne daß er stolz oder beschämt gestehen müßte, auch in seinem Inneren suche sich die furchtbare Tragödie der Gesellschaft ihr Opfer?

Ich behaupte gerade umgekehrt, eben weil uns jetzt und in der nächsten Zukunft fast mehr noch als die politischen Kämpfe die socialen Fragen beschäftigen wer= den, darum wird auch die kommende Dramatik uns weit mehr sociale als politische Kämpfe darstellen. Das bürgerlich sociale Drama ist jetzt in diesem Sinne weit historischer als das historische Drama selbst.

Schaut das Leben mit wirklich dichterischem Auge! Das ist wie das Geheimniß aller Poesie, so auch das Geheimniß des bürgerlichen Drama.

Die Poesie sieht im Einzelnen das Typische, im Zufälligen das Nothwendige. Wodurch sind die bür= gerlichen Tragödien Shakespeare's so groß? Einzig dadurch, daß sie so ganz aus der tiefsten Tiefe der menschlichen Natur geschöpft sind, aus der innersten Nothwendigkeit der Leidenschaft. »Romeo und Julie« ist die Naturgeschichte der Liebe, »Othello« die Physiologie der Eifersucht, »König Lear« das Weltgericht über die Verletzung des sittlichen Familiengeistes. Wahrheit und Naturnothwendigkeit der Motive und Charaktere — und die Poesie steht sichtbar vor Aller Augen!

Gerade aber diese Wahrheit und innere Nothwen= digkeit ist es, die allen diesen neueren bürgerlichen

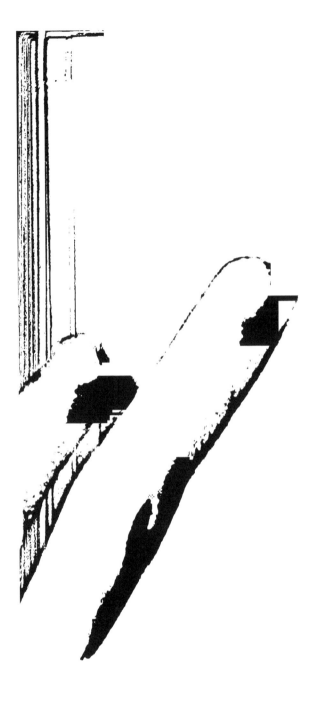

Dramen abgeht. Wahre Dichter, d. l solche Dich=
ter, die aus dem innersten Kerne ächt Poesie ihre
Gestalten zu schaffen die Kraft haben, ſb im bürger=
lichen Drama eben sowohl wie im biſtorchen der rein=
ſten Ydealität ſicher. Shakeſpeare und Salderon ver=
en ſich auch auf dieſem Gebiete nieals weder in
Peinigungen der Kriminalgeſchichte noch in die
iſche Schwüle häuslichen Jammers.

rachtet zuerſt nach dieſer Nothwendigkeit der Mo=
Situationen und Charaktere, und alles Uebrige,
Ihr ſonſt Dichter ſeid, wird ſich von ſelbſt

es in der höchſten
ſeſetz klar vor
geſammten
erlichen
faſt

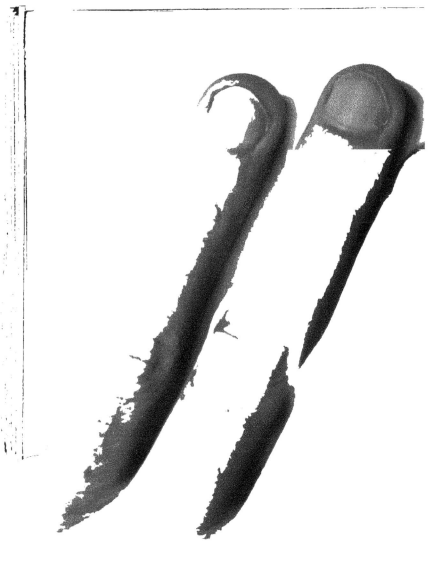

Dramen abgeht. Wahre Dichter, d. h. solche Dich=
ter, die aus dem innersten Kerne ächter Poesie ihre
Gestalten zu schaffen die Kraft haben, sin im bürger=
lichen Drama eben sowohl wie im historisen der rein=
sten Idealität sicher. Shakespeare und Caderon ver=
 sich auch iesem Gebiete niems weder in
inigu iminalgeschichte och in die
Sc n Jammers.

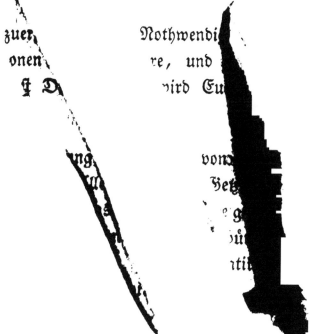

zue Nothwendi
onen re, und
 D ird Eu

ng von
 Ye
 g
 u
 ti

Dramen abgeht. Wahre Dichter, d. h. solche Dich=
ter, die aus dem innersten Kerne ächter Poesie ihre
Gestalten zu schaffen die Kraft haben, sind im bürger=
lichen Drama eben sowohl wie im historischen der rein=
sten Idealität sicher. Shakespeare und Calderon ver=
lieren sich auch auf diesem Gebiete niemals weder in
die Peinigungen der Kriminalgeschichte noch in die
prosaische Schwüle häuslichen Jammers.

Trachtet zuerst nach dieser Nothwendigkeit der Mo=
tive, Situationen und Charaktere, und alles Uebrige,
wenn Ihr sonst Dichter seid, wird Euch von selbst
zufallen.

In dieser Beziehung aber ist es von der höchsten
Wichtigkeit, sich vor Allem dasjenige Gesetz klar vor
Augen zu stellen, das das Grundgesetz der gesammten
Dramatik ist, und das namentlich im bürgerlichen
Drama heutzutage von den meisten Dramatikern fast
gänzlich außer Acht gelassen wird.

Dies Grundgesetz lautet: Das bürgerliche Drama
ist wesentlich immer bürgerliches Trauerspiel.

Es ist gewiß, jene zwitterhafte Mittelgattung, die
man übereingekommen ist im engeren Sinne Drama
oder Schauspiel zu nennen, kann nur in den aller=
seltensten Fällen von wirklich dichterischem Werth sein.
Es ist gar nicht einmal nöthig, daß dieses sogenannte

80

Schauspiel in die schwächliche Empfindsamkeit jener viel beweinten Rührstücke zurückfalle; davor schützt uns im Großen und Ganzen doch wohl die mannhaftere Stimmung des jetzigen Zeitalters. Dies Schauspiel hat noch eine ganz andere unüberwindliche Klippe. Indem es seiner Natur nach von Hause aus auf eine leichte und friedliche Lösung hindrängt, stellt es nicht wirkliche, sondern nur scheinbare, nicht nothwendige, sondern nur zufällige Gegensätze einander gegenüber. Der dramatische Conflict bleibt ein rein äußerer; er bewegt sich nur in vorübergehenden Irrungen und Mißverständnissen. Die Geschichte also, die sich vor uns abspielt, ist eine rein persönliche; sie betrifft nur diesen einzelnen Menschen, der zufällig der Held des Drama geworden ist; sie ist nicht, wie es die Poesie verlangt, von tiefer und allgemeiner Bedeutung, nicht ein klares Spiegelbild der ganzen Menschheit. Ein solches Schauspiel unterhält nur; es erschüttert und erhebt nicht.

Wirklich dramatisch sind nur wirkliche und wesenhafte Gegensätze, d. h. nur solche Gegensätze, die nicht durch äußeren Zufall, sondern durch ihr innerstes Wesen feindlich gegen einander gespannt sind. Nur ein solcher Kampf ist ein principieller; er ist der naturnothwendige Zusammenstoß entgegengesetzter Standpunkte und Weltansichten. Und dieser Kampf principieller Gegensätze ist in der höchsten Bedeutung des Wortes immer tragisch.

Man hat sich neuerdings gewöhnt, den Begriff des Tragischen fast ausschließlich nur solchen Darstellungen zuzuwenden, deren Ausgang ein unglücklicher ist. Und gewiß thut man in den allermeisten Fällen recht daran; denn ein wahrhafter Principienkampf ist immer ein Kampf auf Tod und Leben, er ruht nicht, bis der eine Gegner den andern völlig besiegt und vernichtet hat. Aber trotzdem liegt dieser unglückliche Ausgang nicht unumgänglich im Begriff des Tragischen. Dichtungen, wie die Orestie und den Philoktet, stellt Aristoteles mit Recht trotz ihres heiteren Schlusses in die Reihe der Tragödien, und auch wir Neueren nennen in diesem Sinne Goethe's Tasso und Iphigenie tragisch. Ja selbst die Claudie von George Sand steht trotz all ihrer Mängel auf der Höhe ächter Tragik. Diese Dichtungen alle sind Dramen von so ernster Art, daß jedes Kind einsieht, wie scharf sie getrennt sind von jenen Mittel=mäßigkeiten, die man sonst unter dem unbestimmten Namen des Schauspiels mehr nur zuläßt, als eigentlich gutheißt. Tragik ist immer und überall, wo ein wirk=licher Gegensatz ist; vorausgesetzt, daß dieser Gegen=satz nun nicht etwa zu einer blos äußeren und nivelli=renden Ausgleichung, zu einer stumpfen Vermittlung, sondern in der That mit innerer Wahrheit und Noth=wendigkeit zu gediegener Versöhnung geführt wird. Nicht darauf kommt es an, ob die Lösung eines Kampfes glücklich sei oder unglücklich, sondern einzig darauf, daß sie eine wirkliche Lösung sei, d. h. daß sie den

Charakter des Helden zu seinem innerlichen Abschlusse entwickle und in diesem Abschlusse, sei es nun durch den Untergang des Helden oder durch eine höhere Läuterung desselben, den ewigen Sieg des ewig Wahren und Guten, den Sieg der vernünftigen Weltordnung besiegele.

Bleiben also unsere Dichter fernerhin nicht mehr blos auf der äußeren Oberfläche äußerlicher Irrungen und Mißverständnisse, sondern greifen sie, wie es dem Dichter ziemt, in die Tiefen des Lebens, da wüßte ich wahrlich nicht, was man einwenden könnte gegen die Berechtigung der bürgerlichen Tragödie. In den Kämpfen unserer inneren Charakterentwicklung, in den Geheimnissen des in seinen innersten Grundlagen tief erschütterten Familienlebens, in dem vulkanisch unterhöhlten Boden unserer socialen Zustände liegen jetzt gerade die tiefsten Tiefen des sittlichen Geistes. Wo aber tiefe sittliche Kämpfe sind, da ist auch das »große gigantische« Schicksal, und wo ein großes, d. h. ein innerlich nothwendiges Schicksal ist, da ist auch reine Tragik.

2.

Das bürgerliche Trauerspiel.

––––––––

Wir kommen niemals zu einer gründlichen Einsicht
in das Wesen der bürgerlichen Tragödie, wenn wir
nicht die verschiedenen Arten, in die sie zerfällt, mit
strengster Klarheit von einander sondern.

Nur die Tragödie haben wir als die Poesie des
bürgerlichen Drama bezeichnet. Wir kümmern uns
also nicht weiter um jene harmlosen Seelen- und Familiengemälde, die eben gar keinen anderen Zweck haben, als ein Stück Leben durch Nachahmung des Lebens
zu schildern, und durch diese Schilderung den Zuschauer
für einige Stunden zu unterhalten und zu ergötzen.
Diese Stücke stammen alle in geradester Linie von Schröder und Iffland, und diesen Ursprung können sie auch
heute noch nicht verleugnen. Sie moralisiren freilich
nicht mehr mit der handgreiflichen Absichtlichkeit des
vorigen Jahrhunderts, sie gehen auch nicht mehr so
unverschämt auf weinerliche Rührung, denn die Men=

6*

schen haben inzwischen eben doch den Zopf abgelegt und tragen sich nach der neuesten Mode; aber die ganze Haltung dieser Stücke ist unverändert dieselbe geblieben. Ueberall die allbekannten und althergebrachten Motive, die alten Situationen, die ewig wiederkehrenden Charaktertypen! Dies ist der Tummelplatz der Bühnenlieferanten gewöhnlichen Schlages; die Routine der äußeren Technik ist hier völlig genügend. Hier sammeln die Clauren und Raupach und Benedix, die Birchpfeiffer und Weißenthurn, die Prinzessin Amalia von Sachsen und ähnliche brauchbare, aber untergeordnete Talente ihre Lorbeeren, und auch Gutzkow hat sich in mehreren seiner Stücke auf diesem Gebiete behaglich niedergelassen.

Poetisch sind diese Stücke nicht, das ist wahr. Aber wie die Dinge jetzt stehen, erscheint es als unausführbar, wollte man den Versuch machen, diese anspruchslosen Unterhaltungen von unserer Bühne ganz und gar zu verbannen. Bei uns wird nun einmal nicht wie bei den Alten nur an einzelnen großen Festen gespielt, sondern ohne Unterschied alle Tage; das Repertoir kann daher nicht immer nur vollendete Dichtwerke bieten. Das Schlimme aber ist, diese Fadheiten verderben unsere ohnehin verderbte Schauspielkunst vollends. Denn wenn man an diesen Stücken gerühmt hat, daß sie größtentheils dem Schauspieler vielfache Gelegenheit geben, seine durchgebildete Virtuosität glänzend an den

Tag zu legen, so ist dies eben nur die Virtuosität der
Routine. Wo Nichts ist, da hat der Kaiser sein Recht
verloren. In Stücken ohne Poesie, wo wäre da die
Poesie der dramatischen Darstellung möglich? Ich
schiebe, wie ich meine, mit einigem Rechte geradezu
den größten Theil von der trostlosen Verwilderung
unserer heutigen Schauspieler diesen kahlen Unterhal=
tungsstücken in's Gewissen.

Das wirklich dichterische Drama unterhält auch,
aber es unterhält nicht blos; es trifft uns bis in das
innerste Herz hinein, und es trifft uns um so tiefer,
je poetischer es ist.

Wie also muß das bürgerliche Drama, oder be=
stimmter ausgedrückt, wie muß die bürgerliche Tragödie
beschaffen sein, wenn sie diese höchste poetische Wirkung
erreichen will? Die Wirkung stellt sich, abgesehen von
der höheren oder geringeren Tiefe der dichterischen Be=
handlung als solcher, durchaus verschieden, je nach der
verschiedenen Art der Tragik, auf die bie Tragödie ihr
Grundmotiv gebaut hat.

Ich unterscheide wesentlich brei Gattungen der Tra=
gödie. Die erste Gattung nenne ich die Tragödie der
Verhältnisse, die zweite die Tragödie der Leidenschaft.
Die dritte Gattung wird vielleicht am treffendsten mit
einem Ausdrucke Hegel's als die Tragödie der Idee
bezeichnet. Es ist dies die eigentlich sociale Tragödie.

Für den tragischen Dichter ist es unerläßlich, daß er genau die Grenzen dieser einzelnen Kunstarten kenne.

Eine Tragödie der Verhältnisse und der äußeren Umstände ist es, wenn ein bedeutender Charakter an der entschiedenen Ungunst der Außenwelt scheitert. Hier handelt es sich also nicht mehr um jene leichten und zufälligen Irrungen und Mißverständnisse, die den gewöhnlichen Unterhaltungsstücken den hauptsächlichsten Stoff geben; nein! hier ist der Gegensatz von vornherein ein in sich nothwendiger und wesenhafter. Der kämpfende Held kämpft für bedeutende Zwecke, und der Widerstand, der sich ihm entgegenstellt, entspringt aus großen und allgemeinen Weltzuständen, aus festgewurzelten Zeitbegriffen, aus tiefgreifenden Sitten und Einrichtungen, die mit der ganzen Zeitstimmung innig verwachsen sind und sie beherrschen und bedingen. Napoleon hat gesagt, die Politik sei das moderne Schicksal. Diese Tragödie der Verhältnisse ist daher recht eigentlich die moderne Schicksalstragödie. Das Schicksal thront nicht mehr über und außer der Welt, das Schicksal ist nichts Anderes als die herrschende Weltlage selber, von der jeder Einzelne abhängt; es sind die aus dieser Weltlage entspringenden Sitten, Begriffe und Zustände, die für den Einzelnen als Einzelnen durchaus undurchbrechbar und deshalb für ihn eine tragische Macht sind.

87

Ich erinnere an die Goethe'schen Wahlverwandtschaften, und ich glaube damit am anschaulichsten aus-
zusprechen, was unter dieser Tragik der Verhältnisse
gemeint sei. Ich schweife damit nicht in ein fremdes
Gebiet hinüber, denn die Anlage dieses Romans ist
durch und durch dramatisch. Das Schicksal, an dem
hier die Betheiligten zu Grunde gehen, ist das Dogma
von der unbedingten Unauflöslichkeit der Ehe. Das
Wort der Scheidung zur rechten Zeit ausgesprochen,
und sie Alle waren gerettet.

Die klassische Tragödie Spaniens, und vor Allem
ihr größter Meister Calderon, bewegt sich durchweg in
dieser Tragik der äußeren Zustände. Keine Tragödie,
die auf die innerste und nothwendige Natur des Menschen gebaut wäre! Immer sind die Motive entweder
dem katholischen Dogma entlehnt, oder dem starren
spanischen Ehrbegriff, oder sonst irgend einer gewaltsamen und gewaltthätigen Spitzfindigkeit der herrschenden Etikette.

Thörichte Selbstverblendung, die da wähnt, wir
seien nunmehr dieser Art der Tragik entwachsen! Wohin wir nur immer blicken, wir sehen überall gerade
aus unseren Vorurtheilen und aus unseren gesellschaftlichen Sitten und Zuständen, die auf diese Vorurtheile
gebaut sind, die tiefsten Tragödien entspringen. Es
sind nicht Goethe's Wahlverwandtschaften allein, die

einen so empfindlichen Nerv der heutigen Gesellschaft
bloß legen. Denkt nur an die Pariastellung der Ju=
den! Und kommen in jüngster Zeit die Darstellungen
des Proletarierlebens in einer Weise in Aufschwung,
wie dies niemals früher der Fall gewesen, so offen=
baren diese gerade, dünkt mir, diese Tragik der äuße=
ren Verhältnisse in der allerschneidendsten Schärfe.
Nachgerade sind die socialistischen Ideen genug erstarkt
und verbreitet, um die unterdrückten Volksschichten zu
offener Empörung gegen das Privilegium des Besitzes
zu stacheln; aber die Ordnung des alten Privatrechts
wurzelt noch tief und unerschüttert; sie ist, für jetzt
wenigstens, für alle diese Umwälzungen noch eine un=
überwindliche Schranke.

Man pflegt diese Tragödie der äußeren Verhältnisse
wohl auch als sociale Tragödie zu bezeichnen. Und
schwerlich läßt sich gegen diesen Sprachgebrauch viel
einwenden, denn der tragische Conflict liegt hier aller=
dings lediglich in dem Druck der Gesellschaft. Jedoch
man wird wohl thun, mit dieser Bezeichnung nicht
allzu verschwenderisch umzugehen. Wir unsrerseits wol=
len sie uns für eine höhere oder vielmehr für die höchste
Gattung der Tragik aufsparen.

Fragt man nach dem künstlerischen Werthe dieser
Tragödien, so ist dieser der Natur der Sache nach nur
ein sehr bedingter. Keine Tragik ist diese Tragik der

89

Verhältnisse, das ist unleugbar; denn diese Begriffe,
Sitten und Zustände, die hier den tragischen Wider=
stand bilden, sind fest und wesenhaft und werden von
dem Bewußtsein der ganzen Zeit getragen. Aber sie
ist doch nur die niedrigste Stufe der Tragik. Ihre
Wirkung ist leicht verjährbar, und ihr Eindruck oft
mehr nur peinigend als wahrhaft tragisch erhebend.

Gewiß, diese äußeren Umstände, die hier die tra=
gische Macht sind, mögen noch so mächtig und uner=
schütterlich scheinen, ihrem innersten Kern nach sind sie
doch vergänglich. Sie gehören nur einer bestimmten
Zeit und Nationalität an, sie sind nicht von allgemei=
ner und ewiger Geltung. Andere Zeiten, andere Sitten.
Wir sind in Calderon ergriffen und entzückt von der
Fülle und Gluth seiner tief dichterischen Darstellungs=
weise, aber wir finden in ihm nicht mehr unsere volle
Befriedigung, wir gehen in ihm nicht mehr auf, denn
jene Sitte und Denkart, an die seine Helden gebunden
sind, hat für uns keine bindende Kraft mehr. Wenn
Don Gutiore im »Arzt seiner Ehre« seine Gattin
tödtet, obgleich er sie liebt und von ihrer Unschuld
überzeugt ist, nur deshalb, weil sie den Schein der
Untreue auf sich gezogen und mit diesem Scheine den
Schein der Ehre verletzt hat, so erscheint dies uns, die
wir nicht mehr in dieser spanischen Starrheit befangen
sind, als ganz entsetzlich und unbegreiflich. Es ist dies
für uns dieselbe haarsträubende Grausamkeit, wie wenn

im indischen Epos König Nal nur deshalb um all sein
Glück kommt, weil er die schwere Schuld begeht, mit
seinem Fuße auf urinnassen Boden zu treten.

Jene Tragödie, die auf ihre Zeitgenossen die erschütterndste Wirkung ausübte, ist für uns nur noch
eine qualvolle Marter. Und das ist die Geschichte
aller Dichtungen, deren Grundmotiv zeitlich und ört-
lich beschränkt ist. Schon regt sich jetzt überall der
grundsätzliche Widerstand gegen die Goethe'schen Wahlverwandtschaften; das junge Geschlecht glaubt nicht
mehr an die Unauflöslichkeit der Ehe, es glaubt nur
noch an das natürliche Recht der Liebe. Die schönsten
Dichtungen von George Saud sind wesentlich solche
dichterische Widerlegungen des Goethe'schen Stand-
punkts. Und die glücklicheren Geschlechter der Zukunft
werden ganz mit derselben Entrüstung verletzter Men-
schenwürde auf unsere heutigen Juden- und Proletarier-
tragödien zurückschauen, denn der Druck, der diese her-
vorrief, wird ihnen ebenso unbegreiflich dünken, wie es
uns unbegreiflich dünkt, daß dem schnöden Molochs-
dienste des spanischen Ehrbegriffs so unzählige Opfer
fallen konnten.

Wir dürfen uns über den eigentlichen Kern dieser
Tragik nicht täuschen. Was ist ihre specifische Lebensbedingung? Sie ist nur möglich in einem Weltzu-
stande, in welchem das Unvernünftige und das Un-

menschliche herrschendes Gesetz, das Vernünftige und
Menschliche dagegen unterdrückt und zu unablässigem
Märtyrerthume verdammt ist. Die Tragik der Ver=
hältnisse lebt von der Brutalität. Sie verliert so
viel Boden, als die Brutalität Boden verliert. Je
mehr also die Menschheit in wirklicher Bildung und
durch diese in ihrer sittlichen Selbstbefreiung fort=
schreitet, um so mehr verliert diese Tragik ihre Motive.
Und diese ganze Gattung verschwindet völlig und ist
bis auf den letzten Rest vernichtet, in dem Augen=
blicke, da die Brutalität von der Bildung vollständig
überwunden und die Vernunft in allen gesellschaft=
lichen Sitten und Einrichtungen die allein herrschende
Macht ist.

Das muß der Dichter bedenken, wenn er sich über=
haupt auf diese allerbedenklichste Gattung der Tragik
einläßt. Gerade hier kann er gar nicht sorgsam genug
sein in der gründlichsten Erwägung seiner Stoffe und
Motive.

So viel ist klar, diese Verhältnisse, an denen sich
der tragische Kampf entzündet, seien es nun bestimmte
Zeitbegriffe und Lebensgewohnheiten, oder seien es
öffentliche Institutionen, diese Verhältnisse müssen in
der That noch Recht und Gewalt behaupten, sie
müssen lebendig noch in der Gegenwart wurzeln und
das sittliche Bewußtsein derselben noch als durchaus
unantastbar überall bestimmen und beherrschen. Ein

veraltetes, oder was dasselbe sagen will, ein bereits
vom Bewußtsein der Zeit überwundenes Grundmotiv,
— und die ganze Tragödie ist auf Sand gebaut!
Schiller konnte noch zu Ende des vorigen Jahrhun=
derts »Kabale und Liebe« auf die strenge Kluft der
äußeren Standesunterschiede gründen; ein heutiger
Dichter darf es nicht mehr. Welcher Mensch von Geist
und Charakter ließe sich jetzt noch von diesem albernen
Kastengeiste unterdrücken? Deshalb werden uns auch
die erst neuerdings wieder in Mosenthal's Deborah
wiederholten Judentragödien nachgerade zum Ueberdruß.
Judenhaß! Wer hegt heute noch diesen Judenhaß als
der Pöbel, der vornehme und der niedrige. Welcher
Dichter aber dichtet für den Pöbel?

Kleist's Prinz von Homburg dagegen ist auch für
uns noch von tief erschütternder Wirkung; das Ge=
setz der militärischen Subordination, auf das hier
der tragische Conflict basirt ist, ist und bleibt unver=
letzlich, so lange überhaupt noch das jetzige Militär=
wesen Bestand hat. Aber als ein ganz besonders glück=
licher Wurf ist mir in dieser Beziehung immer Richard
Savage von Gutzkow erschienen? Ein Sohn, der die
schmerzlich entbehrte Mutter nach langem Sehnen und
Irren nun endlich gefunden hat und von ihr zurück=
gestoßen sich verzehrt in dem leidenschaftlichsten Bedürf=
niß nach Mutter= und Kindesliebe, und eine Mutter,
die diesen Sohn verleugnet, weil die herrschenden Vor=

urtheile von Sitte und Anstand es ihr verbieten, ihn öffentlich als ihren Sohn anzuerkennen, — wahrlich, das ist ein tiefer, tiefer Gedanke, es ist der Widerspruch zwischen der Natur und der konventionellen Unnatur in seiner schärfsten Spitze. Wir erbeben über das Geschick des Sohnes und über das Geschick der Mutter; denn das Vorurtheil, das hier die tragische Macht ist, lebt noch in unser Aller Herzen. Wie Schade, daß Gutzkow die Wirkung dieses Stückes sich durch die dilettantische Ausführung so völlig verdorben hat! Dieser Kampf, wie er sich hier darstellt, ist kein Kampf, sondern nur eine unerquickliche Reiberei; die Katastrophe

Tode, sie sterben zuletzt ermüdet an rein physischer

Die Wirkung einer solchen Tragödie ist um so tiefer, je tiefer wir noch selbst in das Leid des dargestellten Kampfes verstrickt sind.

Und dies vorzüglich ist der Grund, warum jetzt namentlich in Paris jene schon erwähnten Proletarierstücke so zahllos wie die Pilze aus der Erde herauswachsen. Aber leider! ist nur sehr wenig Poesie in diesen Stücken zu finden. Was zeitgemäß und interessant ist, ist darum noch nicht dichterisch. Der Pauperismus kann wesentlich nach zwei Seiten der Vorwurf dramatischer Darstellung werden. Das eine Mal erscheint er rein passiv, seufzend und duldend un-

ter dem Drucke des Elends, das andere Mal activ,
angethan mit der ganzen Gluth und Begeisterung revo=
lutionären Heldenthums, in offener Empörung gegen
einen Zustand der Gesellschaft, der ihn zu dieser un=
gerechten Stellung verdammt hat. Beide Fälle sind
in dichterischer Hinsicht von durchaus verschiedener Be=
dentung. Die Darstellung der leidenden Armuth ist
die unerträglichste Prosa, die Darstellung der kämpfen=
den dagegen schließt wenigstens die Möglichkeit der ge=
waltigsten Tragik in sich.

Bis jetzt haben wir, wie dies durch die Lage der
Dinge bedingt ist, nur noch Darstellungen der blos lei=
denden Armuth. Und damit sind wir nicht nur wieder
der längst überwundenen Stufe des alten Familien=
jammers verfallen; wir sind, wo möglich, noch hinter
diese zurückgesunken. Wir tadeln es mit Recht, daß
jetzt auf der Bühne sowohl, wie in den Romanen die
Darstellung der vornehmen Blasirtheit in erschreckender
Weise Platz greift, wir blicken nur mit Ekel in diese
sittliche Fäulniß, und wir glauben es nicht, wenn
sich auch schließlich der verlumpte Graf Waldemar und
die buhlerisch kokette Valentine in schlichte und einfache
Lebensverhältnisse zurückziehen; sie genesen dort ebenso
wenig, wie die blasirte Gräfin Hahn=Hahn im Jeru=
salem der katholischen Andacht von der eitlen Verlogen=
heit ihres babylonischen Weltlebens genesen ist. Aber
wir dürfen es uns nicht verhehlen, diese socialistischen

95

Volksdramen, wie sie zum größten Theile jetzt sind,
wirken noch unendlich viel widerwärtiger. Aristo=
kratische Häßlichkeit, wenn ich sie so nennen darf, ist,
wenn auch immer häßlich, so doch zuweilen pikant und
geistreich, dieser Jammer der Armuth dagegen ist immer
nur grausam peinigend oder weinerlich rührend, oder,
was am häufigsten vorkommt, beides zu gleicher Zeit.
Das kommt daher, wir stehen jetzt erst im ersten Sta=
dium dieser kommenden Entwicklung. Das Gefühl,
daß der bestehende Zustand nicht der rechte sei, gährt
grollend in den Gemüthern, schon bricht es hervor in
einzelnen drohenden Wetterschlägen, aber das volle Ge=
witter hat sich noch nicht entladen, der letzte entschei=
dende Kampf hat noch nicht begonnen. Diese Volks=
dramen sind sehr beachtenswerthe Symptome der be=
ginnenden Krise, aber auf mehr als auf diese rein
symptomatische Bedeutung haben sie keinen Anspruch.

Wohl aber kommt die Zeit des offenen Kampfes.
Und mit diesem kommt auch ein Wendepunkt in die
Geschichte dieser Proletariatstragödien. Dann stellt die
Tragik Herkules den Helden dar, nicht Herkules den
Dulder. Damit aber erhebt sie sich nicht allein auf
wirklich künstlerischen Boden, sondern sie erhebt sich
damit ganz von selbst auch über diese einfache Tragik
der äußeren Verhältnisse, mit der wir es hier zunächst
zu thun hatten. Die Uebermacht des Bestehenden thront
dann nicht mehr ruhig und unangefochten als ewiges

und unantastbares Verhängniß, in herzlos lächelnder Selbstgenügsamkeit dem nutzlosen Mühen des Helden zusehend und ihn dann kalt und erbarmungslos erdrückend, wie einst jenes höllische Marterwerkzeug, die eiserne Jungfrau, ihre Opfer kalt und erbarmungslos in ihren Armen erdrückte; die bestehenden Verhältnisse müssen dann selbst persönlich werden, sich in den Kampf wagen, ihr Recht vertheidigen und in dieser Vertheidigung ihre Lebenskraft beweisen. Das Alte ringt mit dem Neuen; es kämpfen zwei entgegengesetzte Weltanschauungen. Dieser principielle Kampf aber ist dann die höchste Form der Tragödie; der Kampf der Gesellschaft, die Tragödie der Idee, die eigentlich sociale Tragödie, die damit ganz von selbst zur geschichtlichen wird.

Ueberlassen wir dies jedoch der Zukunft! Wenden wir uns zur zweiten Stufe, zur Tragik der menschlichen Leidenschaft.

Der Unterschied zwischen der Tragik der äußeren Verhältnisse und der Tragik der menschlichen Leidenschaft ist sehr einfach. Nicht als ob dort nicht auch das Feuer der menschlichen Leidenschaft flammte! Aber es flammt nur auf der einen Seite. Auf der andern steht die rohe Uebermacht einer äußeren unüberspringbaren Schranke. Hier dagegen ist auf beiden Seiten Leben und Leidenschaft. Hier kämpft Leidenschaft gegen Leidenschaft, Mensch gegen Mensch. Recht hat, wer sich auf dem Kampfplatze zu behaupten weiß.

Othello, Macbeth, Hamlet, Wallenstein und andere Stücke dieser Art sind solche Tragödien der
Leidenschaft. Diese Helden gehen nicht zu Grunde
an dem Widerstande einer feindlichen Außenwelt, sondern an den Mängeln und Schwächen des eigenen
Wesens.

Aber eben deshalb sind in dieser Tragik wiederum
zwei verschiedene Arten streng von einander zu sondern.
Diese Leidenschaft kann eine nur subjective, vereinzelte,
rein individuelle sein, oder eine sachliche, von großen
und allgemeinen Zwecken und Absichten getragen und
deshalb auch das Geschick und die Geschichte der ganzen Menschheit in sich wiederspiegelnd. Eine Tragödie
der ersten Art nennen wir einfach eine Tragödie der
Leidenschaft, oder, genauer ausgedrückt, eine Tragödie
der subjectiven Leidenschaft; die Tragödie der zweiten
Art aber ist die Tragödie der substantiellen Leidenschaft,
oder, um die oben gebrauchte Bezeichnung beizubehal-
ten, die Tragödie der Idee.

Das historische Drama ist meist einfach psychologische Charaktertragödie, und nur in den seltensten
Fällen steigert es sich zur principiellen Welttragödie.
Eben so ist es hier. Auch das bürgerliche Drama
bleibt meist Tragödie der subjectiven Leidenschaft;
nur selten erhebt es sich zur tiefsten principiellen Bedeutung.

Nur wenige Worte über diese subjective Tragik.
Ich spreche hier ohnehin nicht von der dichterischen Behandlung der Charaktere und Situationen, denn dies
specifisch Poetische gehört einzig der schaffenden Kraft
des Dichters. Ich spreche nur von dem Wesen dieses
tragischen Kunstprincips selber. Und dieses ist an sich
klar, seine Stärke sowohl wie seine Schwäche.

Das Reich dieser Tragik ist unendlich. Es ist so
weit, wie das Reich des menschlichen Geistes. Alle
inneren Charakterkämpfe und die ganze unerschöpfliche
Breite der sogenannten Collisionen der Pflichten finden
hier ihre eigentlichste Stätte. Deshalb hat auch diese
Tragödie wesentlich eine zwiefache Weise, wie sie den
tragischen Conflict entwickelt. Entweder sie legt ihn
einzig in das eigene Innere des Helden, der Held ist
in sich selber zwiespältig und in verschiedene, einander
bekämpfende Zwecke zerfallen; oder der Held ist in sich
fest und sicher und kämpft mit der ganzen Gluth seiner
Thatkraft gegen die entgegenstrebenden Zwecke und
Charaktere Anderer.

Für die Lebendigkeit und Plastik der dichterischen
Darstellung ist diese Vertheilung des Kampfes an
gesonderte Kämpfer von ganz unberechenbarem Vor-
theil. Goethe hat wohl gewußt, was er that, als er
den Kampf, den Clavigo mit sich selbst kämpft, den
Kampf zwischen der Pflicht der Treue, die ihn an die

99

Jugendgeliebte bindet, und zwiſchen der Pflicht der
Selbſterhaltung, die ihn dieſes Gelöbniß zu brechen
antreibt, nicht blos der ſtillen Innerlichkeit eines ſelbſt=
quäleriſchen Selbſtkampfes anheimgab, ſondern zum
guten Theil ſeinem Freunde Carlos zutheilte, dem zur
ſelbſtändigen Perſönlichkeit verklärten Verſtande Cla=
vigos. Nur ſo hat die Phantaſie des Beſchauers einen
feſten und ſichtbaren Anhalt. Aber das betrifft nur die
Plaſtik der Form. Für den principiellen Gehalt ſelbſt
iſt es an ſich gleich bedeutend, ob der Dichter einen
ſolchen inneren oder äußeren Kampf aufgreift. Der
innere Gehalt iſt nur bedingt durch die höhere oder
geringere Vernunft der durcheinander wogenden Inter=
eſſen. Das Drama iſt am tiefſten, wenn die ſich be=
kämpfenden Leidenſchaften in Wahrheit beide gleich ſitt=
lich und darum gleich berechtigt ſind. Nur in dieſem
Falle iſt auch die Tragödie der ſubjectiven Leidenſchaft
das, was ſie ihrer innerſten Natur nach ſein ſoll, ein
innerer dialektiſcher Proceß, eine ewige Offenbarung
des ſittlichen Geiſtes.

Die Stärke dieſer Tragik liegt alſo darin, daß ſie
überall ihre Motive aus der Tiefe des menſchlichen
Herzens ſchöpft. Sie veraltet daher nicht wie die
Tragödie der Verhältniſſe; ſie findet noch bei den
ſpäteſten Geſchlechtern und in den entlegenſten Zonen
den lebendigſten Anklang; denn das menſchliche Herz
bleibt ſich immer und überall gleich. Dieſe Tragödie

artet auch niemals aus in die Gräuel einer peinigen=
den Martergeschichte, wir können dieser Sophistik der
Leidenschaft es immer haarscharf beweisen, wo sie in
sittliche Schuld fällt und sich damit selber ihr wohl=
verdientes Grab gräbt. Aber eben so offen liegt andrer=
seits die Schwäche und der Mangel dieser Tragik am
Tage. Sie ist eben nur subjective Tragik. Das heißt,
die Leidenschaft, die hier als dramatische Triebfeder auf=
tritt, ist zwar nicht ganz vereinzelt und zufällig, denn
dann fielen wir überhaupt aus aller Poesie heraus und
ständen wieder im Bereich der gewöhnlichen Unterhal=
tungsstücke; aber sie spiegelt doch nur eine ganz bestimmte
einzelne Klasse von Charakteren, nicht das allgemein
und rein Menschliche, nicht die ganze Menschheit.

Am deutlichsten und zugleich am großartigsten offen=
bart sich dies in Shakespeare. Alle Tragödien Shake=
speare's, die in das Bereich der bürgerlichen Tragödie
gehören, haben diesen Makel. In Romeo und Julie
bildet der tief gewurzelte unvernünftige Haß zweier
sonst ganz achtbarer Familien und die barbarische Art,
mit der der alte Capulet seine väterliche Gewalt auszu=
üben sich in den Kopf setzt, die thatsächliche Unterlage;
im König Lear haben wir auf der einen Seite den
unbedachten Jähzorn eines leichtgläubigen alten Man=
nes und auf der andern die haarsträubende Tigerwuth
bestialischer Töchter; im Othello nur den furchtbaren
Wahnsinn sich blind überstürzender Eifersucht; im Mac=

beth die innere Selbstzerstörung unbändigsten Ehrgei=
zes; im Hamlet die rein individuelle und zufällige
Schwäche thatloser Unschlüssigkeit. Kein Mensch, der
nur einen Funken poetischen Gefühls hat, wird ver=
kennen, daß Shakespeare gerade aus diesem wahrhaft
dämonischen Bloßlegen der schwindelndsten Abgründe die
erschütterndste Tiefe und Kraft seiner Poesie zieht; aber
das beschönigt nichtsdestoweniger nicht die Achillesferse
des poetischen Princips selber. Hegel bezeichnet diesen
Mangel sehr treffend, indem er (Aesthetik 3 S. 571)
hervorhebt, daß diese Shakespeare'schen Charaktere nicht
sittlich berechtigt seien, sondern nur von der formellen
Nothwendigkeit ihrer Individualität getragen. »Sie lassen
sich,« sagt Hegel, »zu ihrer That durch die äußeren Um=
stände locken oder stürzen sich blind hinein, und halten
in der Stärke ihres Willens darin aus, selbst wenn sie
itzt nun auch, was sie thun, nur aus Noth vollführen,
um sich gegen Andere zu behaupten, oder weil sie einmal
dahin gekommen sind, wohin sie gekommen sind.« Die
Shakespeare'sche Tragik als diese Tragik der blos sub=
jectiven Leidenschaft, hat daher nicht das Gepräge
zwingender Nothwendigkeit; sie ist nur hypothetisch, sie
vermag nicht den Schein der Zufälligkeit abzustreifen.
Wäre Othello nicht so blind eifersüchtig, wäre König
Lear nicht so jähzornig und kindisch unbedacht, wäre
Hamlet mehr orestesartig vordringend und, um sogleich
auf andere Erscheinungen dieser Tragik überzugehen,
wäre Clavigo nicht so schwankend unsicher und Gut=

kow's Liesli nicht so schwäbisch eigensinnig, kurz, wäre
dies fatale Wäre nicht, der ganze tragische Conflict
bliebe wahrlich ungeschehen. Die Gegensätze sind nicht
gegeneinander gespannt durch ihre eigene Naturnoth=
wendigkeit; der Kampf beruht immer nur auf ganz
bestimmten, specifischen, zufälligen Voraussetzungen.

Ich meine durchaus nicht, daß sich mit der Einsicht
in diesen Mangel auch nur ein haarbreit die unendliche
Größe Shakespeare's vergringere; ich meine auch nicht,
daß nun dem heutigen Dichter die Tragik der sub=
jectiven Leidenschaft verschlossen sein solle, o nein! diese
ist unvergänglich, wie die inneren Charakterkämpfe von
unvergänglicher Natur sind. Ich meine nur, wir müs=
sen uns bewußt sein, daß es noch eine höhere Gattung
der Tragik giebt, und daß diese höchste Gattung mit
Recht das letzte Ziel aller Strebenden sein muß.

Wo aber ist diese höchste Tragik? Sie ist dort,
wo auch der letzte Rest äußerer Zufälligkeit und Willkür
verschwunden ist. Diese höchste Tragik nennen wir
Tragödie der Idee, denn hier kämpft nicht eine zufällige
Leidenschaft gegen eine andere Leidenschaft, die eben so
zufällig ist wie diese; das Erwachen der schlummernden
Dämonen bedarf auch nicht erst äußerer und zufälliger
Anlässe; die Gegensätze, die hier den tragischen Conflict
bilden, fordern sich durch sich selbst, sie liegen im inner=
sten Wesen der Menschheit und in den Gesetzen ihrer
Entwicklung.

Diese Tragödie der Idee ist auch eine Tragödie der Leidenschaft; aber nicht mehr der subjectiven, sondern der substantiellen. Der Unterschied ist nicht ein Unterschied der Form, sondern ein Unterschied des inneren Gehaltes.

Vielleicht ist dies gerade der Punkt, an dem sich am deutlichsten der unermeßliche Fortschritt offenbart, den unsere Zeit, zwar nicht über die Kunst, aber doch über die Denkart des Shakespeare'schen Zeitalters hinaus gemacht hat. Man braucht nur Shakespeare und Goethe vorurtheilsfrei mit einander zu vergleichen, und es zeigt sich sogleich, daß die Grundlage der Goethe'schen Dichtungen, wenigstens der vollendetsten, immer große Weltprobleme sind; Shakespeare dagegen bewegt sich durchweg nur in dem scharf begrenzten Kreise persönlich individueller Charakterentwicklung. Faust und Hamlet, sie sind sich so gleich! Und doch wieder wie himmelweit von einander verschieden! Der Kampf des Faust ist der Kampf des menschlichen Geistes überhaupt, der Kampf des Hamlet ist nur ein Kampf des Helden mit seiner eigenen zufälligen Energielosigkeit. Es ist wahr, Shakespeare stellt gern und häufig große Staatskämpfe dar; der reinlichen Abgeschlossenheit des Goethe'schen Naturells dagegen sind diese völlig zuwider. Aber auch hier ist Shakespeare immer nur der Tragiker des subjectiven Charakters. Nur in dem einzigen Julius Cäsar erhebt er sich zu einem wirklichen Kampfe entgegengesetzter Staatsprincipien; der tiefen principiellen

Bedeutung seiner englischen Historien, der Auflösung des mittelalterlichen Feudalstaates in den modernen Rechtsstaat ist er sich dagegen so wenig bewußt, daß er die ideelle Summe derselben zuletzt nur in das fade Schmeichelstück, Heinrich VIII., verzettelt. Und so können wir es getrost aussprechen, an Tiefe der Idee ist die Goethe'sche Dichtung der Shakespeare'schen unendlich überlegen. Damit ist wahrlich nicht gesagt, Goethe sei ein größerer Dichter als Shakespeare. Diese Behauptung wird Niemand wagen, der ein Gefühl dafür hat, was Poesie ist; hat doch Goethe selbst oft genug in demüthigster Selbsterkenntniß gegen derartige Urtheile den entschiedensten Einspruch erhoben! Wenn man im Vergleich zu Shakespeare von einem tieferen Gehalt der Goethe'schen Poesie spricht, so heißt dies nur, der Dichter des neunzehnten Jahrhunderts fußt auf einer tieferen Weltanschauung als der Dichter des siebzehnten. Das aber wäre ein Zweifel an dem Fortschritte der Geschichte, wollte man zögern, diese einfache Thatsache mit freudigem Herzen anzuerkennen. Und aus diesem Gesichtspunkte, aber auch nur aus diesem, gewinnt es allerdings eine schlagende Bedeutung, wenn man neulich versucht hat, Shakespeare mit Bacon von Verulam in Parallele zu stellen. Der principielle Gehalt der Goethe'schen Dichtung steht eben so hoch über dem principiellen Gehalt der Shakespeare'schen, wie die neuere deutsche Philosophie über der Philosophie Bacon's. Bei Bacon wird der Mensch immer nur er=

faßt als Einzelner in seinem empirischen Verhalten zur
Außenwelt; hier aber erscheint er seinem innersten Wesen
nach als die selbstbewußte Spitze der Natur, das Den=
ken des Menschen als das Denken des Weltall.

Hebbel hat in der sehr gedankenreichen Vorrede zur
Maria Magdalena diesen Unterschied treffend hervor=
gehoben. Er sagt: »Das Shakespeare'sche Drama ent=
wickelte sich am Protestantismus und emancipirte das
Individuum. Daher die furchtbare Dialektik seiner
Charaktere, die, soweit sie Männer der That sind, alles
Lebendige um sich her durch die ungemessenste Ausdeh=
nung verdrängen, und soweit sie in Gedanken leben
wie Hamlet, in eben so ungemessener Vertiefung in
sich selbst durch die kühnsten und entsetzlichsten Fragen
Gott aus der Welt wie aus einer Pfuscherei heraus=
jagen möchten. Nach Shakespeare hat zuerst Goethe
im Faust und in den mit Recht dramatisch genannten
Wahlverwandtschaften wieder zu einem großen Drama
den Grundstein gelegt, und zwar hat er gethan oder
vielmehr zu thun angefangen, was allein noch übrig
blieb, er hat die Dialektik unmittelbar in die Idee selbst
hineingeworfen, er hat den Widerspruch, den Shake=
speare nur noch im Ich aufzeigte, in dem Centrum,
um das das Ich sich herumbewegt, aufzuzeigen gesucht.«
Und wenn Julius Mosen in dem vielbesprochenen Vor=
worte zu Adolf Stahr's Theaterschau in die Worte
ausbricht, Shakespeare's Menschen seien dämonische

106

Könige und Fürsten der Thierwelt, welche in leidenschaft-
gestachelten Egoismus aneinander zu Grunde gehen,
wie jene Zeit an sich selbst, und wenn er es dann an
unserer Zeit rühmt, daß sie uns wieder rettende Ideen
nahe gerückt und diese bereits im Drama zu verkörpern
begonnen habe, so ist dies ohne Zweifel derselbe Gedanke und stellt ganz in derselben Weise dem Drama
der Gegenwart und der Zukunft diese Tragödie der
Idee als specifische Aufgabe.

Goethe's Faust ist das höchste Muster dieser höchsten Tragik. Nur ist hier der Inhalt fast allzugewaltig,
er durchbricht und vernichtet zuletzt mit innerster Nothwendigkeit die künstlerischen Grenzen des dramatischen
Haushalts. Kein Mensch, der nicht hier seine eigene Tragödie wiederfände! Es ist die Tragödie der Menschheit.

Namentlich aber auch der Goethe'sche Tasso. Der
Kampf zwischen Tasso und Antonio ist der Kampf
zwischen der idealistischen und realistischen Natur des
Menschen, zwischen dem träumerischen Verlangen, auch
das Leben poetisch leben zu dürfen, und den natürlichen
Schranken, die das wirkliche Dasein diesem Verlangen
gesetzt hat. »Zwei Männer sind's, ich hab' es lang
gefühlt, die darum Feinde sind, weil die Natur nicht
Einen Mann aus ihnen beiden formte.«

Und schon im Alterthum ist die Sophokleische Antigone eines der großartigsten Muster dieser rein prin-

cipiellen Tragik. Das Gesetz des Staates, freilich in
der Gestalt des launenhaft tyrannischen Kreon, und der
sittliche Geist der Familie, getragen von Antigone,
stehen sich hier feindlich gegenüber. Kreon versagt dem
Polyneikes als einem Vaterlandsverräther das ehrliche
Begräbniß, die Schwesterliebe Antigone's aber gestattet
nicht, daß dem geliebten Todten diese letzte Ehre ver=
sagt bleibt. Antigone begräbt den Bruder trotz des
Gesetzes. Sie wird mit dem Tode bestraft; Kreon
aber — und diese Peripetie ist das Größte dieser herr=
lichen Dichtung — wird für diese starre Gesetzvoll=
streckung durch den Verlust seines Sohnes und seiner
Gattin bestraft, die sich den Tod geben, der eine aus
Trauer um Antigone, die andere aus Trauer um
Hämon. Kreon hat durch seine zwar gesetzmäßige,
aber despotische That den Geist der Familie verletzt;
jetzt rächt sich dieser Geist der Familie an seinem
eigenem Hause. Ich möchte nicht unbedingt der bekann=
ten Auffassung Hegel's beistimmen, nach welcher diese
Sophokleische Tragödie lediglich als die innere Dialek=
tik zwischen Staat und Familie gefaßt wird; aber das
allerdings ist sicher, es liegt in dieser Dichtung die
gewaltige Lehre, sowohl der Staat, wenn er die Fa=
milie, wie die Familie, wenn sie den Staat verletzt,
ist eine unstatthafte Einseitigkeit, eine Verletzung der
sittlichen Ordnung. Die menschliche Satzung des Staa=
tes darf jenem ungeschriebenen, festen, göttlichen Gesetz
nicht widersprechen, das Antigone mit so großer Er=

habenheit dem Kreon gegenüber festhält. »Denn heute
nicht und gestern, nein! in aller Zeit lebt dieses, Kei=
nem wurde kund, seit wann es ist.«

Wer aber fühlt nicht, daß mit der Tiefe des Gehalts
sich auch die Tiefe der künstlerischen Wirkung steigert?

Ich habe bereits erklärt, daß es ein Wahnsinn
wäre, vom Dichter zu verlangen, er solle nun Nichts
dichten als lauter solche principielle Tragödien. Wer
überhaupt einen Begriff davon hat, wie naturnothwen=
dig und geheimnißvoll die Conception eines wahrhaft
dichterischen Werkes ist, der wird sich wahrlich nicht ver=
messen, an das dichterische Schaffen bestimmte Tages=
befehle stellen zu wollen. Aber es ist gewiß, diejenige
Tragödie ist die größte und zündet am gewaltigsten,
die mit ächt dichterischer Behandlung einen tiefen prin=
cipiellen Gehalt zu verbinden weiß. Dies ist der Grund,
warum z. B. Hebbel's Maria Magdalena trotz ihrer
sehr bedenklichen Mängel von allen Seiten als die be=
deutendste Erscheinung unserer jüngsten dramatischen
Literatur hervorgehoben wurde. Sie hat beides, tiefen
Gehalt und dichterische Kraft und Ursprünglichkeit. Sie
ist, so zu sagen, eine dichterische Kritik der engherzigen
Moralität, und stellt mit meisterhafter Naturwahrheit
den Gedanken dar, wie ein wackerer, aber starrköpfiger
Ehrenmann sich in seinem moralischen Eifer überstürzt,
sein Kind zu verzweifeltem Selbstmord treibt, und also

aus lauter Moralität auf's Schwerste gegen die Moral
und ächt menschliche Sittlichkeit sündigt.   -

Es ist kein Zweifel, je tiefer in uns und in den
nächst kommenden Geschlechtern die tiefsten Fragen der
sittlichen Bildung herumwühlen, um so tiefer wird
auch unsere Kunst, besonders die tragische, von der
principiellen Dialektik dieser sittlichen Gegensätze durch=
drungen sein. Nicht mehr der egoistische, sondern nur
der freie und sittliche Mensch wird sich im tragischen
Kampfe darstellen. Die Tragödie wird dadurch nur
um so ergreifender, und dabei doch nur um so milder
und versöhnender.

Je freier und reiner und glücklicher die Menschheit
wird, desto heiterer und, wenn man will, desto humo=
ristischer wird die Tragödie. Ist das vielleicht der
Sinn von jenem berühmten Satze Platon's, daß der
Tragödiendichter zugleich auch Komödiendichter sein
müsse?

3.

Die Oekonomie der tragischen Kunst.

———

Das moderne Drama hat den Kothurn bei Seite geworfen. In der Zeichnung der Charaktere und Situationen ist es durch und durch naturwirklich. Seine Idealität sucht es ausschließlich in der Strenge der Komposition und in der Reinheit der Motive, durch die diese Komposition bedingt ist.

Natur soll das Drama sein, aber ideale Natur. Es stellt sittliche Kämpfe dar, in diesen Kämpfen aber bekundet es die Unverletzlichkeit der ewig vernünftigen Weltordnung. Die Welt des Drama also ist die Welt innerer Nothwendigkeit, es ist die schlechthin vernünftige Welt; ein streng geschlossener Kreis, der nirgends durchbrochen sein darf durch die hereinragenden Fäden eines anderen, außer ihm stehenden Weltlaufs.

Alles daher, was dieser inneren Nothwendigkeit widerspricht, ist vom Drama, wenigstens von der Tragödie, für immer ausgeschlossen.

Es ist das Grundgesetz aller tragischen Dichtung, nirgends findet in ihr der Zufall Spielraum. Wo der Zufall als Zufall auftritt, da stört er und trübt er die fest ineinander gehämmerte Einheit; er wirft uns zurück in die Prosa des gewöhnlichen Lebens.

In diesem höchsten Gesetze wurzeln alle übrigen Erfordernisse und Bedingungen des tragischen Haushalts. Es ist deshalb wichtig, schonungslos allen wunderlichen Wandlungen, Krümmungen und Verstecknissen nachzugehen, in denen der Zufall sein unseliges Spiel treibt. Denn es ist gar nicht zu sagen, wie arg unsere Dramatiker gegen diesen allereinfachsten Grundsatz verstoßen. Selbst die Besten motiviren oft die tiefgreifendsten Dinge in solch äußerlicher Weise. Ich binde mich daher hier nicht an die Grenze der bürgerlichen Tragödie; diese Sünde herrscht in der historischen Tragödie eben sowohl wie in der bürgerlichen.

Aber verstehen wir uns recht. Ich meine nicht jene faden Machwerke, die, wie z. B. die Birch-Pfeiffer'schen, den ganzen Verlauf der dramatischen Handlung lediglich dem holden Hin und Her des äußeren Zufalls überlassen, ohne auch nur ein einzig Mal an eine innere Motivirung zu denken. Ich meine selbst nicht den sogenannten Deus ex machina, denn dieser ist eben auch nichts als eine völlige Rathlosigkeit in der Motivirung, die den Knoten durchhaut, weil sie nicht im Stande ist, ihn zu lösen. Ich meine hier lediglich nur solche Dichtungen, die mit Bewußtsein den Zufall als künstlerisches Motiv benutzen zu dürfen glauben.

Der Zufall als rohe Naturmacht ist das blinde Ungefähr, der Zufall im engeren Sinne. Auf geistigem Gebiete ist er das Mißverständniß, zuerst das einfache und unabsichtliche, sodann aber auch in weiterer Be= deutung das durch die Täuschung künstlicher Intrigue absichtlich herbeigeführte. Unter allen diesen Formen hat sich der Zufall in unsere Tragik eingeschlichen. Dieser Motivirung durch den Zufall nachgehen, heißt eine Pathologie unserer neuesten Dramatik schreiben.

Wir beginnen mit solchen Tragödien, in denen der rein natürliche Zufall, das Ungefähr, als tragisches Motiv sich aufspreizt.

Der Blüthepunkt dieser undramatischen Verirrung waren jene fratzenhaften Ungeheuerlichkeiten, die uns vor einigen Jahrzehnten unter dem anspruchsvollen Namen der Schicksalstragödie geboten wurden. In der That, die abgeschmacktesten Mißgeburten, die jemals in der Geschichte der tragischen Kunst zum Vorschein gekommen sind! Ihr Wesen oder vielmehr ihr Unwesen besteht eben darin, daß der Zufall und nur der Zufall, d. h. das durchaus Undramatische, in ihnen zum Grundmotiv des ganzen Drama gemacht ist.

Bald offener, bald verdeckter. Man trennt füglich
diese modernen Schicksalstragödien in zwei verschiedene
Gruppen. Die eine sucht dem Zufalle wenigstens den
Schein der Nothwendigkeit zu geben und schraubt ihn
durch eine gewisse mystische Weihe, durch Träume,
Ahnungen und Prophezeiungen, in die Höhe religiöser
Fatalistik; die andere glaubt solch raffinirter Mittel
entrathen zu können und stellt ohne viel Bedenken den
nackten Zufall als solchen als schicksalbestimmende
Macht auf, und wird dadurch nur um so roher und
geschmackloser. Jene erste Gattung ist bei uns haupt=
sächlich durch die blinde Nachahmung Calderon's und
durch die antikisirende Braut von Messina heimisch
geworden. Das Käthchen von Heilbronn mit jener
unentrinnbaren Magie der Liebe, durch die Käthchen
an den Grafen und der Graf an die Tochter des Kai=
sers gebannt ist, ist ihre lieblichste Blüthe. Die zweite
Gattung dagegen, zuerst in einigen Mährchen und
Jugenddramen Tieck's auftauchend und nachher in den
verschiedensten Formen und unter den verschiedensten
Namen eine Zeitlang die deutsche Bühne beherrschend,
hat nur Fratzenhaftigkeiten wie die Schuld und den
vierundzwanzigsten Februar und dergleichen edle Werke
geliefert. Das tragische Geschick ist hier der gespenster=
hafte Spuk irgend eines elenden leblosen Dinges, ein
zufällig verweigertes Geldstück, ein Messer, eine Laterne,
ein Bild, ein vierundzwanzigster oder ein neunund=
zwanzigster Februar oder sonst etwas dieser Art. Man

8

follte es kaum glauben, daß es erft der verhängnißvollen Gabel von Platen bedurfte, um dieser ebenso lächer= lichen als verächtlichen Wirthschaft ein Ende zu machen.

Ein Ende? Wollte Gott, es wäre so! Aber der= gleichen Abgeschmacktheiten glimmen heimlich fort unter der Erde, wie ein Waldbrand, bis sie dann plötzlich wieder in helle Flammen zusammenschlagen. Ich habe hier nur darum jene abgelebten Schicksalstragödien in Betracht gezogen, weil ihre Geifter noch immer ge= fpenftig unter uns umgehen und, was noch schlimmer ift, nach wie vor ihre alten Bewunderer finden. Erft jüngft wurde uns von den angefehenften Zeitschriften ein neues Trauerspiel angepriesen, »der Erbförfter, von Otto Ludwig«. Und siehe da! auch hier fehlt der Spuk nicht. Marie, die Tochter des Erbförfters, hat sich als kleines Kind einmal draußen im Walde in den heim= lichen Grund verirrt; dort aber erfchien ihr ein Engel, mit diesem spielte sie einen ganzen Tag und eine Nacht gleich als sei es ihr gewöhnlicher Gespiele, und sie ver= gaß darüber Vater und Mutter und Essen und Trin= ken. Später als sie Jungfrau geworden und eine tiefe Liebe in ihrem Herzen trug, da träumte ihr, sie sei wieder im heimlichen Grunde und es erscheine ihr wieder derselbe Engel und ziehe ihr den Brautkranz aus dem Haar und stecke ihr dafür an die Brust eine große blutrothe Rose. Und wie bald wird dieser un= glückliche Traum zur Wahrheit! Wirklich ift sie eines

Tages hinausgegangen in den heimlichen Grund, um dort Robert, ihren Geliebten, zu sprechen. Der alte Erbförster hatte aber einen glühenden Haß auf Robert, denn er glaubte, sein Sohn Andres sei von Robert erschossen worden. Er hatte es sich tief in die Seele geprägt, jenes biblische Wort, das ihm erst heute Marie vorgelesen, »Auge um Auge, Zahn um Zahn«. Jetzt findet er diesen Robert im heimlichen Grunde, er legt an auf ihn, der Schuß geht fehl, er erschießt seine Tochter.

Vor der Hand spreche ich nicht von dem albernen Mißverständniß, daß der Erbförster ganz unschuldig Robert für den Mörder seines Sohnes hält, ich spreche auch nicht von dem albernen Zufall, daß der Schuß fehl geht. Ich spreche jetzt nur von dem fatalen heimlichen Grunde. Ach, dieser Grund ist so graulich! Wäre dieser Grund nicht gewesen, das Mißverständniß wäre nicht entstanden, der Förster hätte also auch nicht geschossen, die ganze tragische Geschichte wäre nicht vorgefallen. Marie lebte heute noch als die glückliche Gattin Robert's, und Enkel spielten lustig in den greisen Haaren des Alten.

So lange noch solche Albernheiten in Deutschland ihr Glück machen, so lange ist es eitel Prahlerei, wenn Ihr wähnt, auf die Werner und Müllner hochmüthig herabsehen zu dürfen! —

8*

Zwar minder kraß als diese Schicksalsfaselei, aber
nichtsdestoweniger eben so unzulässig ist die Entschei=
dung der Katastrophe durch den Zufall des Schlachten=
glücks.

Das ist ein Lieblingsfehler besonders unserer neue=
ren historischen Dramatiker. Es ist so bequem! Den
Helden trifft eine feindliche Kugel; was bedarf es also
weitläufiger Motivirung? Und kommt dann hinter=
drein der prüfende Zuschauer mit grämlichem Zweifel
und meint er, eine solche Entscheidung löse nicht den
Knoten, sondern durchhaue ihn nur, so ist der Dichter
leicht bei der Hand und verweist uns keck auf das
große Beispiel Shakespeare's.

Mit Unrecht. Aber das Uebel ist so eingenistet,
daß wir die Mühe nicht scheuen wollen, ihm auch diese
letzte beschönigende Hülle zu nehmen.

Allerdings hat Shakespeare viel Schlachten darge=
stellt, mehr vielleicht, als er gethan haben würde, wenn
die Bühne seiner Zeit in der Vorführung solcher Dinge
so naturalistisch gewesen wäre wie die unsrige. Ja es
ist sogar wahr, daß er gar nicht selten die ganze Ka=
tastrophe auf den Ausgang einer einzigen Schlacht
baut. Aber dabei ist ein sehr wesentlicher Punkt zu
beachten. Shakespeare hat ebensowenig wie die Alten
— man denke an des Aeschylus Sieben vor Theben —

das **Kriegsglück** jemals als eine blinde Gottheit dar=
gestellt, die nach Zufall und Laune bald Diesen, bald
Jenen begünstige; der Ausgang einer Schlacht, wenn
dieser für die dramatische Entwicklung einen entscheiden=
den Wendepunkt bildet, erscheint jederzeit mit der über=
raschendsten Feinheit als innerlich nothwendig und als
durchaus bedingt durch den Charakter der kämpfenden
Helden und durch den sittlichen Werth der Sache, die
diese vertreten. Der Sturz Macbeth's, die Schlacht
bei Philippi, der Sieg des Octavius bei Actium, das
sind so gewaltige Schlachtenbilder, daß hier alles blinde
Glück und aller Zufall für immer verbannt ist. Der
Weltgeist selber schreitet mit seinem Racheschwert über
das Schlachtfeld und verkündet dem Unterliegenden das
unabwendbare Gottesurtheil. Wer gedenkt hier nicht
jener tieferschütternden Schlachtenscenen in Richard III.?
Auf der einen Seite steht das Zelt des jungen Rich=
mond, auf der anderen das des Königs. Und nun
steigen die Geister derer, die Richard erschlagen hat,
aus dem Grabe; dem König fluchen sie, über Rich=
mond aber sprechen sie den Segen. Wahnsinnbethört
wühlt in Richard jenes furchtbar grüblerische Selbst=
gespräch, in dem sein ganzes Sein wie in zwei Hälften
getheilt ist; zwei Geister kämpfen in ihm, die sich gegen=
seitig anklagen und wieder entschuldigen und die sich
doch nimmer mit einander versöhnen. Jetzt beginnt
die Schlacht. Richmond kämpft voll jubelnden Sieges=
muthes, Richard voll wilder und doch so zaghafter

118

Verzweiflung. Beide kommen miteinander in Einzelkampf, Mann gegen Mann. Richard fällt. Wer spricht hier noch von blindem Zufall?

Ebenso ist es mit Macbeth. Als Macbeth erfährt, daß sein Gegner Macduff nicht aus dem Schooß eines Weibes geboren sei, da verliert er den letzten Halt, an den er sich bis dahin in grimmer Verzweiflung geklammert hatte. Der sonst so tapfere Held ist tobtgehetzt durch die Furien seiner Unthaten; wie vermöchte er dem racheglühenden Gegner Stand zu halten?

Und mit derselben inneren Nothwendigkeit behandelt Shakespeare nicht blos das Schlachtenglück, sondern auch den Zweikampf.

Rötscher betrachtet in seiner sehr lehrreichen Abhand= lung über »Zufall und Nothwendigkeit im Drama« (Jahrb. für dramat. Kunst und Literatur 1847, S. 123 ff.) in diesem Sinne den Kampf zwischen Prinz Heinrich und Heißsporn Percy. Die Vasallenverschwörung hatte schon von Hanse aus in ihrer inneren Zwietracht den Keim des Verderbens, und namentlich mußte Heißsporn mit seiner vordringlichen Tollkühnheit und mit der eitlen Selbstüberhebung, mit der er den großen Gegner für Nichts achtete, ganz nothwendig den Kürzeren ziehen gegen die besonnene Tapferkeit des Prinzen. Shake= speare war in der Darstellung dieser Zweikämpfe sehr durch die Denkart seiner Zeit begünstigt; sie gelten ihm

noch überall unangefochten als feste Gottesurtheile.
Unzweifelhaft zeigt dies der Zweikampf zwischen Here-
forb und Mowbray in der Eröffnungsscene Richard
des Zweiten. Ebenso der Zweikampf im König Lear
zwischen Edmund und Edgar. Der heutige Dichter,
dem dieser Volksglaube an das Gottesurtheil nicht mehr
zu Dienst steht, bedarf hier aller Orten tieferer und
strengerer Motive.

Aber der Zweikampf zwischen Hamlet und Laertes?
Es ist gewiß, dieser ist am meisten im Verruf un-
motivirter Zufälligkeit, und auch ich möchte mich hier
nicht auf die Vorstellung des Gottesurtheils berufen,
denn Laertes steht, obgleich er durch die treulose Schär-
fung und Vergiftung des Rappiers entschieden im Unrecht ist, doch insofern im Recht gegen Hamlet, als er
an diesem für den Mord seines Vaters Polonius ge-
rechte Rache zu nehmen hat. Aber nichtsdestoweniger
glaube ich auch hier nicht an den Zufall, und ich stimme
durchaus nicht mit Vischer überein, wenn dieser in der
Schrift über das Erhabene und Komische (S. 90) aus-
einandersetzt, der König und Laertes hätten durch ihre
Arglist den Zufall herausgefordert und müßten nun
auch die Folgen desselben tragen. Man muß nur diese
Scene recht spielen, und der Zufall verschwindet ganz
von selbst. Freilich unsere Schauspieler handhaben diesen Rappierwechsel, durch den der Tod des Laertes
herbeigeführt wird, nur wie eine sinnlose Taschen-

ſpielerei; und doch iſt dieſer Rappierwechſel durchaus
natürlich, ja wenn man will, ſogar nothwendig. Die
Sache iſt ſo: Hamlet fühlt, daß er auf den Tod ver=
wundet iſt, die Waffe ſeines Gegners muß alſo ſpitz
ſein. Empört über dieſen treuloſen Frevel entreißt er ihm
dieſe Waffe gewaltſam und durchbohrt ihn mit ihr voll glü=
henden Rachedurſtes. Jetzt hört er vom ſterbenden Laer=
tes, dies Alles ſei die Schuld des Königs. Wuthentbrannt
durchſticht er auch dieſen. So allerdings hat ſich der
Trug des Königs und des Laertes gegen ſie ſelbſt ge=
kehrt; ſie gedachten dem Hamlet eine Grube zu graben
und jetzt ſind ſie ſelbſt in dieſe gefallen. Hamlet aber
iſt das Opfer ſeiner geiſtreich trägen Thatloſigkeit ge=
worden. Statt Blutrache zu vollſtrecken, hatte er durch
die hinterliſtige Ermordung des Polonius Blutrache
auf ſich geladen.

Nur ein einziges Mal hat ſich Shakeſpeare erlaubt,
die Kataſtrophe auf den Zufall bauen, in Romeo und
Julia. Hier aber liegt dieſer Zufall in der Natur der
Sache ſelbſt und damit hört er auf, blos Zufall zu ſein.

Auch Rötſcher leitet den Tod der beiden Liebenden
lediglich von dem unglückſeligen Zufall ab, daß der
Brief des Pater Lorenzo nicht zur rechten Zeit an den
verbannten Romeo gelangte. Rötſcher meint aber, der
Zuſchauer komme hier gar nicht zur Reflexion über den
Zufall; durch den tiefgewurzelten Haß beider Familien

feien Romeo und Julia schon von Hause aus dem
Tode geweiht, die zufällige Verspätung des Briefes
enthülle hier also nur das wirklich Nothwendige.
Das ist gewiß. Aber auch hier würde der Zufall nur
ein sehr schlechtes Recht haben, entspränge er nicht als
nothwendige Folge in der That ganz unmittelbar und
unabweislich aus der Schuld der Liebenden selber.
Was ist denn diese Schuld Romeo's und Julia's? Sie
haben den Muth nicht, ihre Liebe frei vor der Welt
zu bekennen und auf Grund dieses Bekenntnisses die
Versöhnung der entzweiten Familien herbeizuführen.
Möglich war diese Versöhnung; über dem Grabe der
Liebenden ist sie nachher die schmerzvolle Leichenfeier.
Aber weder Romeo noch Julia machen einen Versuch
dazu; sie nehmen ihr Schicksal nicht thatkräftig in die
Hand, sie verheimlichen ihre Liebe und überlassen den
endlichen Ausgang dem wechselvollen Spiele des Un=
gefähr. Diese feige Verheimlichung rächt sich. Die Ver=
bindung wird vollzogen. Auch der Pater Lorenzo,
dem sich die Liebenden anvertrauen, hat nicht den
Muth der offenen Thatkraft.

> »Vielleicht, daß dieser Bund zum Glück sich wendet,
> Und Eurer Häuser Groll durch ihn in Freundschaft endet.«

Aber schon entbrennt wieder der Kampf auf offener
Straße. Romeo will als Gatte Juliens den Kampf
mit Tybalt vermeiden; als Sohn seines Hauses, als
Freund des erstochenen Merkutio fordert es aber seine Ehre,
dem Hohne Tybalt's mit dem Schwert in der Hand

122

Rede zu stehen. Tybalt fällt. Dies ist der Wendepunkt.
Während Romeo's Streben darauf hinausgehen mußte,
beide Häuser zu versöhnen, sind diese jetzt durch seine
Schuld weiter auseinander als jemals. Romeo wird
verbannt; Julia zur Verheirathung mit Graf Paris
gezwungen. Und noch immer ermannen sie sich nicht
zum offenen Geständniß. Julia trinkt den Schlaftrunk.
Lorenzo setzt mit frevelhafter Tollkühnheit das ganze
schwindelnde Spiel auf eine einzige Karte, auf jenen
Brief, der auf die Minute an Romeo gelangen muß,
soll nicht Alles verloren sein. Und hier ist es, wo der
Zufall die sein ausgeklügelte Rechnung zu Schanden
macht. Der Bote wird unterwegs durch Quarantäne
aufgehalten. Romeo erfährt inzwischen auf anderem
Wege die entsetzliche Todeskunde. Er eilt nach Verona;
er vergiftet sich, um wenigstens im Grabe noch mit
seiner Julia vereint zu sein. Julia erwacht. Ver=
zweifelt sieht auch sie nur im Tode Rettung; sie ersticht
sich mit dem Dolche Romeo's. Die Liebenden fallen
dem Zufall als Opfer, weil sie sich thatlos und muth=
los dem Zufall verschrieben hatten. Jene Motivirung,
die zuerst so äußerlich und rein zufällig zu sein schien,
ist vielmehr die innerste Nothwendigkeit der Sache und
bekundet die tiefste Weisheit des Dichters.

Daraus mögen sich unsere Dramatiker abnehmen,
wie es mit dem Zufall als tragischem Motiv bei Shake=
speare beschaffen ist. Statt sich zur Bemäntelung der

eigenen Schwäche fortwährend auf Shakespeare zu be=
rufen, sollten sie endlich einmal einsehen, daß kein an=
derer Dichter dem Zufall so sorgsam aus dem Wege
gegangen ist als grade dieser.

Ich habe es für nöthig gehalten, hier etwas länger
zu verweilen. Denn es ist unglaublich, wie unbedacht
unsere Dichter mit dem Zufalle umspringen. Selbst
Goethe entblödete sich nicht, die ganze Katastrophe des
Clavigo einer solchen rein zufälligen Schicksalsfügung
anzuvertrauen. Nur der Zufall wollte es, daß der
Diener Clavigo's eben einen anderen Weg einschlägt,
als ihm der Herr befohlen hat. Und einzig Zufall ist
es, daß just in diesem Augenblicke die Leiche Mariens
vorbeigetragen wird. Und wiederum ist es Zufall, daß,
als es nun zum Gefecht kommt zwischen Clavigo und
Beaumarchais gerade Clavigo der Unterliegende ist.
Mängel dieser Art finden sich nirgends bei Shakespeare.
Sie finden sich auch bei den Alten nicht. Sie sind
einmal gegen die Natur des Drama.

Ganz ebenso unpoetisch ist es, wenn ein Mißver=
ständniß als tragisches Motiv benutzt wird. Das Miß=
verständniß ist eben auch nichts Anderes als Zufall, es
ist der Zufall der Intelligenz.

Dies ist z. B. der Grundfehler von Mosenthal's
Deborah. Ein junger steiermärkischer Bauer, Joseph,

liebt ein Judenmädchen Deborah. Joseph's Vater
wendet aus bäurischem Judenhaß alle Mittel auf, um
diese Liebe zu zerstören. Er schickt Geld in den Wald
hinaus, in die Hütten der wandernden Judenfamilien;
er will Deborah bestechen, daß sie freiwillig auf Joseph
verzichte. Irrthümlich wird Deborah mit einer anderen
Jüdin verwechselt, das Geld kommt in fremde Hände.
Nun hört Joseph vom triumphirenden Vater, Deborah
habe ihre Liebe sich abkaufen lassen. Er ist im tiefsten
Innern empört über diesen schmählichen Verrath seiner
Liebe; er sucht sich zu übertäuben, er heirathet in jäher
Eile eine Andere. Deborah aber weiß Nichts von den
Beweggründen, die Joseph zu dieser Untreue bestimm=
ten; sie ihrerseits leidet nicht minder unter dem Ver=
rathe Joseph's, wie Joseph leidet unter dem vermeint=
lichen Verrathe Deborah's. So geht es fort bis zum
Schlusse, ein ewig wogendes Hin und Her widerlich
peinigender Empfindungen. Das ganze Stück ist in
die Luft gebaut. Stiege ein Zuschauer zu rechter Zeit
hinauf auf die Bühne und erzählte den Liebenden die
Lösung dieses unseligen Irrthums, dem ganzen Uebel
wäre abgeholfen und Alles wäre voll Glück und Freude.

Hier komme ich auch wieder auf meinen »Erbför=
ster«. Nur ist hier Alles noch gespreizter, denn Herrn
Otto Ludwig scheint es in der That vor Allem darum
zu thun gewesen, mit anerkennenswerthester Vollstän=
digkeit alle nur erdenkbaren Mißgriffe der Motivirung

zu einem höchst unästhetischen Weichselzopfe zusammen=
zuflechten. Wir wissen bereits, daß es nach einem ob=
ligaten Abklatsch des Werner=Müllner=Houwald'schen
Schicksalsbegriffes der armen Tochter bes Erbförsters
prädestinirt war, draußen im heimlichen Grunde eines
gewaltsamen Tobes zu sterben. So stirbt sie also durch
einen Fehlschuß ihres Vaters, der eigentlich nicht auf
sie, sondern auf ihren Geliebten gezielt war. Aber bas
Aergste ist, dieser tödtliche Schuß selbst ist nur die schreck=
liche Folge eines ganz unseligen Mißverständnisses. Dem
alten Förster ist irrthümlich berichtet worden, sein Sohn
Andres sei von Robert ermordet, und nur diese falsche
Nachricht ist Schuld daran, daß der Förster an Robert
Blutrache nehmen wollte. Plötzlich klärt sich das Miß=
verständniß auf. Der todtgeglaubte Andres kehrt nach
Hause. Der Förster, der noch immer glaubt, er habe
Robert getödtet, sieht mit Schrecken, daß er keinen
Grund gehabt habe zu dieser fürchterlichen Missethat.
Nun aber kommt vollends Robert, und der Förster er=
fährt, wie er der Mörder seines eigenen Kindes ge=
worden. So geht er hin in wilder Verzweiflung und
übergiebt sich bem Gerichte.

Mir dünkt, wer es mehr als ber arme Förster ver=
dient hat an den Pranger gestellt zu werden, bas ist
der schlechte Dichter, der sich der Welt als Messias
verkünden läßt und der doch nicht das allerdürftigste
ABC ber bramatischen Kunst in seiner Macht hat.

126

Nun ist es auch klar, warum die Intriguentragödie so höchst zweideutiger Natur ist. In der Intrigue erstrebt der Eine seine eigensüchtigen Zwecke durch die willkürliche Täuschung des Andern. Also auch hier ruht der tragische Conflict nicht in der inneren Nothwendigkeit sittlicher Gegensätze, er ist einzig herbeigeführt durch die zufällige Schurkerei eines Bösewichts, der sich nicht scheut, Andere in's Verderben zu stürzen, wenn er dabei nur seine eigene Rechnung findet. Die Intriguentragödie ist daher ebenso wie die Tragödie des Zufalls und des Mißverständnisses nur widerlich und peinigend.

Die Griechen kennen die Intriguentragödie durchaus nicht, wenigstens finden sich Anfänge erst bei Euripides. Der Philoktet des Sophokles dürfte nur mit Unrecht hieher gezählt werden. Denn wenn Odysseus auf eine Täuschung des Philoktet hinausgeht, so täuscht er nicht aus bübischem Eigennutz, sondern aus Liebe zum Vaterland, dessen Ehre und Glück in diesem Augenblicke von der Wegführung des Philoktet abhängt. Sodann aber macht es einen sehr wesentlichen Unterschied, die beabsichtigte Intrigue bedingt hier nicht die Katastrophe; die Intrigue löst sich im Verlaufe der Handlung selbst auf und weicht tieferen Motiven, die der Idee des Schicksals und dem Charakter des Helden entnommen sind.

Shakespeare hat eine einzige Tragödie gedichtet, in der er an diese Abart der Intriguentragödie anstreift. Es ist Othello. Und dies ist wohl hauptsächlich der Grund, warum Othello trotz der erschütternden Tiefe seiner Charaktere immer nur einen sehr getheilten Eindruck hervorruft; bald stößt er uns ab, bald fesselt er uns unwiderstehlich. Nichtsdestoweniger ist auch Othello keine reine Intriguentragödie; auch hier steigert sich sofort die Intrigue zur wirklichen Charaktertragödie. Es ist der eigenste Charakter Othello's, daß er sich durch Jago's Schurkerei täuschen läßt. Die Eifersucht ist ihrer Natur nach blind und leichtgläubig. Es liegt in ihrem Wesen, daß sie, um mit dem bekannten Witzworte Schleiermacher's zu sprechen, mit Eifer sucht, was Leiden schafft.

Dies führt uns auf einen wichtigen Gesichtspunkt. Es bleibt allerdings unumstößlich, ist die Intrigue das Grundmotiv, so daß aus ihr ohne alle Vermittlung die tragische Katastrophe herauswächst, so ist sie in der Tragödie unter allen Bedingungen unzulässig. Wir setzen jetzt aber sofort eine nähere Bestimmung hinzu. Erlaubt, und oft sogar von größter Wirkung ist sogar in der tragischen Kunst die Intrigue, wenn sie nur dazu dient, der Charaktertragödie den Weg zu bahnen, d. h. wenn sie blos die Situation herbeiführt, von welcher aus sich sodann der Charakter weiter entwickelt, mit der freien Wahl, ob er in sittliche Schuld fällt oder ob er diese vermeidet. Das bedeutendste Beispiel dieser Art ist Schiller's Demetrius. Demetrius ist durch Intrigue auf den Thron gekommen; er selbst ist getäuscht worden, er glaubte bisher an die Rechtmäßigkeit seiner Ansprüche. Nun aber überzeugt er sich, daß er betrogen worden und daß er der falsche Czaar ist. Es steht ihm frei, seinen Irrthum einzugestehen und den Thron zu verlassen. Er thut es nicht. Damit ändert sich Alles! Von jetzt an ist er nicht mehr der Betrogene, sondern der Betrüger. Wird er also nachher entlarvt und von den wüthenden Rebellen= horden ermordet, was schadet es? Er büßt nur eine Schuld, in die er mit eigenem Willen verfallen und für die er daher verantwortlich ist. So stehen wir hier trotz der intriguenhaften Schürzung des Knotens dennoch durchweg auf dem Boden der reinsten Tragik.

Nur die Wenigsten unter den neueren Dramatikern haben ein Bewußtsein von dieser unbedingten Unstatt= haftigkeit der intriguenhaften Motive. Das ist zum großen Theil noch eine üble Nachwirkung der früheren moralisirenden Dramen. Lessing konnte freilich in Miß Sara Sampson und in Emilia Galotti ohne intri= guirende Bösewichter nicht auskommen; denn es war bei der Engherzigkeit der moralistischen Grundlage nicht möglich, die Katastrophe mit innerer Nothwendigkeit aus der Schuld abzuleiten. Und dies Unwesen hat sich nachher in die Rührstücke hineingeschleppt und Schiller hat in den Räubern und in Kabale und Liebe diese ständig geworbenen Masken arglos beibehalten.

Das aber entschuldigt unsere neuesten Dichter schlechterdings nicht. Laube hat, auch wo er Tragödien dichten
wollte, bisher Nichts als Intriguenstücke geliefert und
auch Gutzkow glaubte die historische Tragödie Patkul's
auf eine elende Hofintrigue bauen zu dürfen. Und so
ist es jetzt überall.

Ueberblicken wir schließlich noch einmal all die trau-
rigen Erfahrungen, die wir hier machten.

Ich wollte unseren Dichtern die Nothwendigkeit stren-
ger Motivirung zu Gemüth führen, und diese rein theoretische Erörterung ist inzwischen unversehens in allen Punk-
ten eine herbe Anklageakte geworden. Alle Mängel und
Mißgriffe, in die nur irgend unkünstlerische Schwäche verfallen kann, spreizen sich auf in unerträglichster Breite.
Man braucht eben kein Platen zu sein und man kann
sich doch mit leichter Mühe anheischig machen, alle
diese Miserabilitäten durch parodistische Verkehrung ganz
in derselben Weise aristophanischem Gelächter anheim-
zugeben, wie einst die verhängnißvolle Gabel die ver-
rufenen Schicksalstragödien. Ihr klagt immer darüber,
die ätzende Verstandesbildung zerfresse jetzt alle Frische
und Ursprünglichkeit des dichterischen Schaffens, und
Ihr habt Recht in dieser Klage, wenn Ihr die Gegenwart vergleicht mit den großen Kunstzeiten des Alterthums und des Mittelalters. Aber wähnt nicht, daß
es Euch nun erlaubt ist, Eure Schuld ohne Weiteres
auf die Schuld des Jahrhunderts zu schieben. Goethe

und Schiller lebten auch in einem kritischen Zeitalter,
sie waren keine naiven Dichter und sind dennoch große
Künstler geworden. Das kam daher, daß sie ihre
Kunst mit sittlichem Ernst pflegten. Ihr habt nicht zu
viel kritische Bildung, sondern zu wenig. Durchdenkt
erst die Grundsätze Eurer Kunst mit jener innigen Vertiefung, von der der Goethe=Schiller'sche Briefwechsel
ein so schöner Beweis ist, und Ihr werdet zwar keine
großen Dichter werden, — denn wie könntet Ihr über
Euren Schatten springen? — aber Ihr werdet doch
wenigstens brauchbare Routiniers. Eure Fehler sind
die Fehler der Leichtfertigkeit. Diese Leichtfertigkeit
aber ist nicht das Zeichen des Genies, sondern des
Dilettantismus.

Ihr seid unkünstlerisch, weil Ihr zu künstlich sein
wollt. Wir kommen auch hier wieder zu unserem an-
fänglichen Ausgangspunkte: nur wo innere Nothwendigkeit ist, da ist wahre Tragik. Große Dichter haben
immer nur einfache und klare Motive. Und wenn erst
diese Einsicht wieder allgemein wird, da wird ganz
von selber der alberne Firlefanz schlechter, weil un-
künstlerischer, Theatereffekte hinwegfallen. Die Tragödie
soll tragisch erschüttern. Und das geschieht weit mehr,
als durch Ueberraschungen und weither geholte Verwicklungen, durch einfache Klarheit. Der Zuschauer
muß alle Personen und Verhältnisse klar überschauen.
Der Zuschauer sieht dann zugleich mit dem Dichter,

wie Alles kommt und kommen muß. Und dadurch wird
er zu einem wahrhaft göttlichen Genusse, zu einer Art
von Vorsehung erhoben, er durchschaut fest und bestimmt
in jeder Situation die ergreifenden Gegensätze, die den
handelnden Charakteren selbst noch verborgen sind oder
welche zu beachten ihnen der Drang der Handlung keine
Zeit läßt. Dies allein sind die edelsten und reinsten,
die wahrhaft tragischen Erschütterungen; dies ist die
innerste Bedeutung der künstlerischen Ironie, von der
einst die Romantiker so viel sagten und sangen. Die
herben Schläge, die über die Handelnden kommen,
werden vom Zuschauer Schritt vor Schritt schon voraus
empfunden, und wenn sie dann wirklich da sind, da
ergreifen sie uns nur um so tiefer und nachhaltiger.
Ich glaube auch nicht zu irren, wenn ich vorzüglich in
diese providentielle Bewußtheit des Genusses das tiefste
Geheimniß der Sophokleischen Kunstweisheit setze. Der
König Oedipus namentlich hat einzig hierin seine wun=
derbare Großheit. Wir Alle, Alle sind sehend und nur
Oedipus selber ist der einzig Blinde. Und frage ich
dann bei Shakespeare, ob sich auch bei diesem das
gleiche Gesetz bestätigt, so brauche ich nur an Macbeth,
an Lear, an Richard III. und an all diese gewaltigsten
Tragödien zu denken, und ich sehe, wie bei diesen
größten Dichtern, trotz aller Verschiedenheit, die Kunst
in ihrer höchsten Spitze eine und dieselbe ist. Wie
kläglich betrügen sich unsere Dramatiker um ihre schön=
sten Wirkungen, wenn sie sich um so größer dünken,

je verkünstelter und verzwickter die Motive sind, die sie zu Markte führen!

Nur wer nach dieser Klarheit und Einfachheit trach=
tet, der wandelt unfehlbar auf der Bahn innerer Noth=
wendigkeit; vorausgesetzt nämlich, daß er ein wirklicher
Poet sei und nicht die Blöße der Erfindungslosigkeit
mit dem prahlerischen Mantel naiver Einfachheit zu
bemänteln sucht.

Mit dieser Einfachheit der Motive hängt die Ein=
fachheit der Darstellung auf's innigste zusammen.

Goethe macht einmal die Bemerkung, Iffland brauche
nur darum so viel Nebenfiguren und unnütze Ausstaf=
firungen, weil bei ihm nicht die Nothwendigkeit der
Sache, sondern immer nur der äußere Zufall entscheide.
Darin liegt Alles. Die Vereinfachung der Motive
vereinfacht naturgemäß auch die Handlung und die
Zahl der dabei betheiligten Personen. Das Drama
wird ruhiger, geschlossener, idealer.

Ich habe in einer Abhandlung über die altfranzö=
sische Tragödie (Blätter für liter. Unterhaltung 1850,
Nr. 256 ff.) einmal hierüber ausführlich meine Gedanken
geäußert. Die Wichtigkeit des Gegenstandes mag es
entschuldigen, wenn ich das dort Gesagte zum Theil
hier wiederhole.

Besonders auch in der Komposition leidet unsere Tragödie an falscher Shakespearomanie. Sie hat sich noch immer nicht losgesagt von den Nachwirkungen der Sturm= und Drangperiode. Die Stürmer und Dränger im Feuereifer ihrer dithyrambischen Begeisterung ahmten, so zu sagen, Shakespeare mit Haut und Haaren nach; sie kümmerten sich nicht im Mindesten darum, daß unsere veränderte Bühne auch eine veränderte Kompositionsweise bedinge. Unsere Tragödie ist in der Anlage der dramatischen Handlung zu bunt und weitschichtig. Shakespeare durfte in keckster Willkür mit den mannichfaltigsten Ortsveränderungen umspringen. Wir aber dürfen es nicht. Bei Shakespeare war dies ein rein ideeller Vorgang; kein Dekorationswechsel störte dabei die Ruhe der Bühne. Wird aber Shakespeare's Dichtweise mit ihrem wirren Durcheinander rastlos wechselnder Oertlichkeiten auf unser jetziges Dekorationssystem übertragen, da entsteht ein Naturalismus, der überall die Illusion stört und der jene stillbeschauliche Andacht und Feierlichkeit, die jedem ächten Kunstgenusse eigen ist, durchaus unmöglich macht. Und doch ist diese andächtige Hingebung unerläßlich. Gerade jemehr daher die moderne Tragödie ihrem innersten Wesen nach in der Charakterzeichnung zur individuellsten Naturwahrheit, ja zur treusten Natürlichkeit hindrängt, um so gemessener und harmonischer muß sie in der Komposition sein. Es ist unsere Aufgabe, mit der vollen Naturwahrheit Shakespeare's auf unsere Bühne dieselbe Ruhe und Würde der Darstellung zu bewahren, die Shakespeare auf der seinigen hatte. So nähern wir uns ganz von selbst mitten im bewegtesten Leben des modernen Drama wieder der Einfachheit der antiken Bühne.

Dies sind keine launischen Grillen, es ist die Noth= wendigkeit der Sache. Lessing mit seinem tiefen Kunst= verstande hat trotz der begeistertsten Bewunderung Shakespeare's niemals die von den Franzosen überkom= mene Ruhe und Stetigkeit der Bühne verlassen. Und als nachher der Götz von Berlichingen und· dessen wilder Nachwuchs auf unseren Brettern rumorte, da schüttelten Schröder und dessen bühnenkundiger Freund Meyer von Anfang an über diesen wüsten Wirrwarr bedenklich die Köpfe. Der Erfolg hat ihnen Recht ge= geben. Goethe und Schiller sind von diesen jugend= lichen Uebertreibungen späterhin gründlich zurückgekom= men. Denn was wollen ihre späteren dramaturgischen Bestrebungen auf der Weimarschen Bühne, was will die antikisirende Einfachheit ihrer letzten· dramatischen Werke, ja, um einen Schritt weiter zu gehen, was will selbst Tieck mit seiner berüchtigten Marotte, die altenglische Bühneneinrichtung wieder bei uns heimisch zu machen, wenn nicht schließlich jene ein= fach klare Massenhaftigkeit der Gruppirung und jene Ruhe und Stille der dramatischen Darstellung, die uns seit Lessing abhanden gekommen? Immermann steht sogar nicht an (Memorabilien, Th. 2, S. 248),

in dieser Beziehung Calderon den bühnengerechtesten
Dichter zu nennen. Und jedenfalls ist es sehr beach=
tungswerth, daß neuerdings auch die jüngsten fran=
zösischen Dramatiker mit künstlerischer Bewußtheit
aus den Wüstheiten ihrer neuromantischen Dramatik
sich wieder der ruhigen Einfachheit ihrer alten Klassiker
zuwenden.

Betrachte ich von diesem Gesichtspunkte aus die
sichere Rundung von Hebbel's Maria Magdalena und
Herodes und Mariamne und ähnlicher Erscheinungen,
so wird es mir zur freudigsten Gewißheit, daß auch
unseren Dichtern dies hohe Ziel immer bewußter wird.
Die Tragödie soll uns in die tiefsten Tiefen des mensch=
lichen Wesens hineinführen und uns doch immer mitten
im ungestümsten Strudel der tragischen Leidenschaft die
stille Großheit reiner Kunstschönheit sichern.

III.

Die Komödie.

1.

Das Wesen der Komödie.

Es ist eine alte Klage, um unsere komische Poesie steht es sehr schlimm.

Wir haben keine einzige deutsche Komödie, die von allgemeiner und nachhaltiger Wirkung gewesen wäre. Ja, was das Traurigste ist, wir haben nicht nur Nichts, was wir der Komödie der Engländer, Spanier und Franzosen als ebenbürtig an die Seite stellen dürften; selbst unsere kleinsten Bühnen, die in ihren künstlerischen Ansprüchen doch wahrhaftig nicht verwöhnt sind, müssen sich zur Befriedigung ihres täglichen Hausbedarfs fast immer nur an Uebersetzungen oder Nachahmungen fremder, meist französischer Stücke halten.

Und woher kommt dies? Gewöhnlich erklärt man die Armuth unserer komischen Poesie aus den Eigenthümlichkeiten unseres Nationalcharakters, aus der vorwiegenden Ernsthaftigkeit unseres Naturells, aus der Prüderie unserer gesellschaftlichen Sitten, und besonders auch aus dem Druck unferes Staatslebens, das uns alle wirksamen Stoffe und Figuren entziehe und zu guterletzt sogar polizeilich alle Wagnisse draftischer Darstellung hindere.

Ich leugne nicht, daß diese und ähnliche Bedenken schwer in's Gewicht fallen; aber sie erklären nicht das ganze Räthsel. Unter unseren Schauspielern haben wir ganz vortreffliche Komiker; diese leben aber unter denfelben nationellen Bedingungen. Warum fehlt denn also nur unferen Dichtern so ausschließlich die komische Ader?

Der Grund liegt tiefer. Worüber wir lachen, das ist unser innerstes Besitzthum, das übersehen wir. Der verlachte Gegenstand hat für uns nur deshalb eine so unwiderstehliche Anziehung, weil wir uns über ihn erheben mit dem vollen Glücksgefühle persönlicher Ueberlegenheit. Die Komödie ist daher ihrer innersten Natur nach volksthümlich; sie muß aus den tiefsten Gemüthstiefen des Volkslebens herausquellen. Gerade aber diese Volksthümlichkeit ist es, die unserer komischen Poesie mangelt.

An unserem Luftspiele rächt es sich am empfindlichsten, daß unsere gesammte neuere Poesie ihrem ganzen Wesen nach Kunstpoesie ist. Die vielversprechenden Anfänge einer eigenthümlich deutschen Komödie sind

durch den unglückseligen Jammer des dreißigjährigen Krieges spurlos untergegangen. Darauf hat sich unsere ganze Literatur erst künstlich wieder durch Aneignung und Nachbildung fremder Muster gebildet. Und nun steht der Lustspieldichter, er, der wie kein anderer immerdar an die frischen Stoffe und Formen des nächsten Lebens gewiesen ist, rathlos da; verlassen von allen festen und maßgebenden Ueberlieferungen und Gewohnheiten, in allen Fernen herumgehetzt, ein Frembling im eigenen Hause.

Vor ihm liegt in verlockender Fülle das ganze ungeheure Erbe der komischen Poesie aller Zeiten und Völker. Er sucht und tastet und grübelt, welchen Schatz soll er heben? Der eine Dichter nimmt diesen, der andere jenen, je nach Laune und Willkür. Und so kommt es, daß wir in unserer Lustspieldichtung ein so buntes Durcheinander aller Richtungen haben wie nirgends sonst; man müßte denn etwa das unsichere Schwanken unserer neueren Baukunst mit dieser Wirrniß vergleichen wollen.

»Wo willst Du den Stoff suchen? Zu welch einer Gattung des Lustspiels wird er Dich führen? Welche Gattungen giebt es denn überhaupt? Oder hättest Du gar den Muth und die Verwegenheit, eine neue Gattung zu versuchen?« An diese naive Stelle in Laube's Einleitung zu seinem Lustspiel »Rokoko« muß ich immer

denken, wenn mir der Theaterzettel die erste Vorstel=
lung einer neuen Lustspieldichtung ankündigt. Denn
Fragen dieser Art legt sich jetzt mehr oder weniger
jeder Dichter vor, der einen Lustspielplan mit sich herum=
trägt. Darüber verfliegt die Frische des Schaffens.
Das Schifflein scheitert, noch bevor es recht vom Sta=
pel gelaufen ist.

Und dieser klägliche Zustand wird nicht besser, wenn
nicht wieder in unsere Dichter ein instinctives Allge=
meingefühl kommt; ein sicherer künstlerischer Tact, der
sich nicht lange bedenkt, in welchem Stile soll ich dich=
ten, antik oder romantisch, griechisch oder spanisch, eng=
lisch oder französisch, sondern der Stoffe und Formen
munter aus der eigenen Umgebung herausgreift und
dann gewiß ist, daß er Allen ohne Unterschied mit
kräftigem Wurfe in's innerste Herz trifft. Nur durch
diese kecke Zuversicht des unmittelbaren Zugreifens haben
in diesem Augenblicke die französischen Lustspieldichter
vor allen übrigen einen so bedeutenden Vorsprung.
Wir in Deutschland kommen vor lauter Theorie des
Komischen zu keiner Komödie.

Das Erste also ist, diese fahrige Zersplitterung muß
schwinden. Wir müssen auf Mittel und Wege sinnen,
allen unseren Dichtern wieder ein solches instinctives
Allgemeingefühl eigen zu machen.

143

Wie aber ist dies möglich? Die nächste Antwort ist leicht bei der Hand. Man kann sagen, man müsse das Instinctive eben der instinctiven Entwicklung anheimstellen. Aber damit ist schlechterdings nichts gewonnen. Es ist eine sehr wohlfeile Weisheit, wenn man nur immer darauf hinweist, wie die dereinstige Umgestaltung unserer Staats- und Lebensformen ganz von selbst auch eine Wiedergeburt unseres künstlerischen Dichtens und Denkens mit sich bringen werde. Weiß es doch bereits jedes Kind, daß die Schönheit der Kunst vor Allem die Schönheit des Lebens voraussetzt! Aber es war schmachvoll lächerlich, daß vor einigen Jahren Gervinus unseren Dichtern bramarbasirend zurief, sie möchten doch jetzt das Dichten lassen und die Leier über dem Schwerte vergessen. Werden denn nicht zu allen Zeiten Poeten geboren? Und kann denn Einer, der von der Natur zum Poeten bestimmt ist, den dichterischen Drang willkürlich in sich ersticken, selbst wenn er auch wirklich diese selbstmörderische Absicht hätte? Die Ungunst der Zeit kann den Künstler beirren und hemmen, ja sie kann ihn sogar um die schönsten Blüthen seiner künstlerischen Entfaltung bringen; aber sie kann die innere Nothwendigkeit seiner Natur nicht aufheben und sie eigenlaunig in andere Bahnen lenken. Freilich wissen wir mit Bestimmtheit, das höchste Ziel der komischen Poesie ist uns unter den jetzigen Verhältnissen verschlossen. Aber sollen wir blos deshalb, weil wir jetzt nicht das Bessere und Beste er-

reichen, nun auch leichtſinnig das erreichbare Gute ver=
ſcherzen?

Und namentlich was unſere Bühne anlangt, iſt es
denn erlaubt, daß wir uns von dieſem wichtigſten Hebel
der ſittlichen und künſtleriſchen Volksbildung in eitler
Selbſtgenügſamkeit ganz und gar zurückziehen? Die
Bühne iſt ohnehin ſchon ſo verwildert. Sollen wir ſie
vollends ganz verwildern laſſen? Und das Alles nur
in der Erwartung auf künftige beſſere Zeiten?

Nein! Nicht vornehm verleugnen dürfen wir die
künſtleriſchen Beſtrebungen der Gegenwart; wir müſſen
ihnen, inſoweit ſie einen inneren Kern haben, nach
allen Kräften über die Drangſale der äußeren Hemm=
niſſe hinüberhelfen.

Ich frage daher wiederholt, wie iſt es möglich,
in unſeren Dichtern jene inſtinctive Sicherheit zu er=
wecken, die wir als die unerläßlichſte Bedingung für
das Gedeihen namentlich unſeres Luſtſpiels erkannt ha=
ben? Und da muß ich denn geſtehen, daß, obgleich
ich vorhin ſagte, wir kämen vor lauter Theorie des
Komiſchen zu keiner Komödie, ich dennoch in dieſer
Lage der Dinge einzig und allein von der allgemein=
ſten Verbreitung gründlich theoretiſcher Einſicht eine
wirklich durchgreifende Förderung erwarte. Der Teufel
der Reflexion ſteckt nun einmal in uns. Die Bildungs=

wirren Goethe's und Schiller's beweisen es zur Genüge,
wie sich heutzutage selbst die bedeutendsten Dichterna=
turen diesem ätzenden Einflusse nicht entziehen können.
Die Gefahren der herrschenden Halbheiten und Schief=
heiten überwinden wir aber nur, indem wir den Mangel
des Instinkts soviel als möglich durch die Tiefe der
denkenden Erkenntniß ersetzen. Was glücklichere Zeiten
im Gefühl haben, das müssen wir durch rein theore=
tische Betrachtung uns künstlich wieder gewinnen.

Dies ist für die Kritik eine sehr ernste Aufgabe.

Hier in unserem deutschen Lustspielwesen handelt es
sich nun zunächst darum, welche Gattung, welche Stil=
art wird unabweislich vom Leben der Gegenwart ge=
fordert. Selbst wenn jetzt ein urkräftiger Dichterge=
nius kommt und unerwartet der erstaunten Welt das
Ei des Columbus hinstellt; es nützt nichts, wenn nicht
sein Werk einmüthig als die unter den vorliegenden Um=
ständen einzig mögliche und maßgebende Form erkannt
wird. Unsere Dichter müssen sich der Gesetze und Be=
dingungen klar bewußt sein, die in gleicher Weise vom
Wesen der komischen Poesie sowohl, wie vom Wesen
der Gegenwart jetzt jeder neuen komischen Schöpfung
gestellt sind.

Aus diesem Grunde, meine ich, ist es unerläßlich,
die Frage nach dem Lustspiel der Gegenwart vor Allem

auf die höchsten Grundbegriffe der Komödie überhaupt
zurückzuführen.

Ich halte mich hier nur an diesen nächsten Endzweck.
Ich gehe daher nicht ein auf die weitschichtigen Er-
örterungen, die namentlich unsere neuesten Aesthetiker
über das Wesen des Komischen aufgestellt haben. Ich
frage nur, was ist die Komödie, was sind ihre verschie-
benen Gattungen, und welche dieser Gattungen ist
naturgemäß die Komödie der Gegenwart?

Wo sich eine Komödie bildet, da erscheint sie
überall als die wesentliche und ergänzende Kehrseite der Tragödie. Wie die Tragödie eines Volks ist,
so ist auch seine Komödie. In der Tragödie stellt
sich die innere Nothwendigkeit der sittlichen Weltordnung dar. Aber unter diese Nothwendigkeit fallen
nicht alle Erscheinungen des Lebens. Es giebt
Störungen und Trübungen, durch die diese sittliche und
vernünftige Nothwendigkeit des Weltlaufs unterbrochen
wird. Der künstlerische Geist, der nichts ist als die
verklärende Spiegelung der realen Weltverhältnisse, bemächtigt sich auch dieser. Daraus erwächst die Komödie.
Die Welt der Komödie ist die Welt der Willkür und
des Zufalls.

Aber wohlgemerkt! Hiermit soll keineswegs der
Komödie ihre sittliche Bedeutung abgesprochen wer-

den. Hier sind nur die Motive gemeint, nicht die
schließliche Lösung. Auch in der Wirklichkeit treiben
Willkür und Zufall ihr neckisches Wesen; aber, ver=
einzelt wie sie sind, gefährden sie dennoch nicht die
innere Vernunft des festen Weltlaufs. Ebenso hier
im dichterischen Spiegelbilde. Zufall und Willkür
spreizen sich auf, gleich als wären sie die treibenden
Weltmächte; zuletzt aber verfangen sie sich in ihren
eigenen Widersprüchen, und geben der Vernunft die
Ehre.

Die Komödie zerfällt wesentlich in zwei von ein=
ander durchaus verschiedene Gattungen. Die phanta=
stische Komödie nenne ich die eine, die realistische die
andere. Jene ist die Komödie des Aristophanes und, in
veränderter Färbung, die romantische Mährchenkomödie;
diese dagegen ist die sogenannte neuere Komödie der
Griechen und das Lustspiel der modernen Völker.

Es ist einseitig, die eine oder die andere dieser Gat=
tungen als die unbedingt höchste zu bezeichnen. Eine
jede ist, schon in ihrem geschichtlichen Ursprunge, die be=
sondere Ausdrucksweise einer besonderen Weltlage.

Phantastisch nenne ich die Komödie des Aristophanes.
Denn wir verkehren bei ihm immer in einer phanta=
stischen, verkehrten, widersinnigen Weltordnung. Ari=
stophanes nimmt irgend einen tollen Einfall zum Aus=

gangspunkt, und durch diesen kühnen Saltomortale
sind wir wie durch einen Zauberschlag allen Gesetzen
und Bedingungen des wirklichen Lebens enthoben. Die
höchsten Spitzen menschlicher Verkehrtheit breiten sich
vor uns aus in den seltsamsten und derbsten Formen
und Farben, und die Wirklichkeit taucht in dieser Verzerrung unversehens als eine so kolossal lächerliche Welt
auf, daß wir darüber allen gewohnten Maßstab verlieren. In der Lysistrate verbinden sich die athenischen
und spartanischen Weiber, sich solange ihrer Männer
zu enthalten, bis der peloponnesische Krieg durch einen
langersehnten Frieden beendet sei, und richtig! sie erreichen ihren Zweck; die Männer, die Spartaner sowohl wie die Athener, beeilen sich so schnell als möglich den Frieden zu Stande zu bringen. In den Ek-
klesiazusen halten nicht die Männer, sondern die Weiber die Volksversammlung; und diese Weiber beschließen
sogleich, daß die jungen Männer erst alle alten und
häßlichen Weiber durchlieben müssen, bevor sie sich der
jungen und schönen Mädchen erfreuen dürfen. Und so
überall. In den Vögeln vollends, da verlassen wir gar
die heimische Erde und wir siedeln uns in einer Luftstadt
an, in Wolkenkukuksheim, und von dort aus verlachen
wir die Menschen unter uns und die Götter über uns,
und in dieser Glückseligkeit denken wir kaum daran,
daß die Zuschauer da draußen am allermeisten über
uns selbst lachen, daß wir Narren genug sind, um solche
Luftschlösser für wirklich zu halten. Die phantastische

149

Komödie ist die Kehrseite der antiken Schicksalstragödie.
Das komische Schicksal ist hier die tolle Laune des
Dichters. Diese Genialität mit ihren tollen Ein=
fällen steht über den Menschen und Dingen und ist
deren unabwendbares Verhängniß, gleichwie das tra=
gische Schicksal über den tragischen Charakteren steht
und deren unabwendbares Verhängniß ausmacht. Da=
her scheut sich der Dichter auch nirgends, offen mit
seiner Person auf die Bühne zu treten; in der Para=
base erklärt er ausdrücklich, daß er und nur er allein
der Urheber dieser ergötzlichen Phantasmagorie sei; un=
abläßig durchbricht er die Einheit der Fabel durch die
unverdecktesten Anspielungen auf die laufenden Tages=
geschichten, ja er verspottet mit sichtlicher Freude gerade
die dramatische Illusion am allermeisten, denn er will
gar nicht, daß die Zuschauer über dem Gedichte den
Dichter vergessen.

Es ist gewiß, dem Inhalte nach ist die Aristopha=
nische Komödie die großartigste Komik, die bisher die
Welt gesehen hat. Es drücken uns hier nicht die kleinen
Lächerlichkeiten eines beengten Privatlebens; es sind
immer nur große öffentliche Interessen, die hier komö=
dirt werden, das Volk der Athener mit seiner unsinnigen
Kriegslust und seinem demagogischen Taumel, der Sturz
der Volksreligion und die sophistische Aufklärung, die sin=
kende Tragik und derlei gewaltige Dinge. Und diese
Thoren, die diese Verschrobenheiten zu Markt tragen,

sie sind so heiter und glücklich und ihrer selbst so ge=
wiß, daß Hegel vortrefflich gesagt hat, ohne Aristopha=
nes gelesen zu haben, lasse sich kaum wissen, wie dem
Menschen zu Muth sei, wenn er sich »sauwohl« be=
finde. Hier ist nicht blos Witz und Laune, hier ist
Humor im ächtesten Sinne. Wir verlachen nicht
nur bestimmte vereinzelte Charaktere und Weltlagen,
wir verlachen die ganze Welt, die wie von allgemeiner
Tollheit besessen scheint. Und will uns auch zuweilen
der Anblick dieser entsetzlichen Narrheit mit leisem
Grauen erfüllen, wir befreien uns ja, indem wir sie
belachen, humoristisch von der Narrheit, die in uns
selbst steckt. In dem schallenden Gelächter, mit dem
wir in diese verwegene Possenhaftigkeit einstimmen, ju=
biliren wir über die Unverwüstlichkeit der Menschennatur.
Mögen diese Thoren auch noch so verschroben und toll
sein, sie sind doch auch wieder so liebenswürdig, so
tief gemüthlich. Wir können nicht zürnen und grollen,
wir jubeln und jauchzen. Aber alle diese einzigen
Vorzüge dürfen uns nicht einen Augenblick übersehen
lassen, was man freilich meist zu übersehen pflegt.
Das Formprincip, das der Aristophanischen Komödie
zu Grunde liegt, ist trotzalledem doch nur ein sehr
untergeordnetes.

Der Humor der Aristophanischen Komödie ist ein
rein subjectiver. Hellsprühende Racketen, aber der
Feuerwerker mit der Lunte steht fortwährend hinter

ihnen; die Funken entzünden sich nicht durch sich sel=
ber. Die Welt erscheint nicht, wie sie in Wahrheit ist,
sie erscheint nur, wie sie sich in einem verzerrenden
Hohlspiegel ausnimmt. Die Aristophanische Komödie
ist Karrikatur. Sie ist Parodie oder Travestie.
Mit dem einen Fuße stehen wir auf dem Boden
der wirklichen, mit dem andern auf dem Boden
der verkehrten Welt; und der Humor davon ist, daß
wir im Taumel der komischen Lust nicht viel darnach
fragen, welche Züge der grotesk genialen Verzerrung des
Dichters, und welche dem wirklichen Urbild gehören.
So sitzt die Schwäche der Aristophanischen Komödie
dicht neben ihrer Stärke. Diese Komödie hat immer
einen säuerlich satirischen Beigeschmack. Die Jamben
des Archilochos haben sich unter die komische Maske
geflüchtet. Die »Ritter« z. B. sind in der That nicht
viel mehr als eine freche Injurie. Die Begeisterung,
die die Athener dies Stück krönen ließ, war nicht die
Begeisterung der Poesie, es war der politische Ingrimm,
die Begeisterung der Skandalsucht. Diese Schwäche
des satirischen Inhalts rächt sich sogleich auch als
Schwäche der Form. Die Komposition ist überall nur
sehr lose und willkürlich. Was haben sich nicht die
Erklärer alter und neuer Zeit herumgequält, in diese
Stücke immer einen in sich einigen und folgerichtig
durchgeführten Grundgedanken hineinzuerklären! Es ist
unmöglich, denn eine solche Einheit geht durchaus ge=
gen das innerste Wesen dieser Kompositionsweise. Die

152

Fabel nimmt hier niemals einen solchen besonderen Sinn für sich in Anspruch. Sie ist überall nur die thatsächliche Unterlage für eine bunte und zufällige Reihenfolge locker in einander verschlungener Situationen und Bilder, die ihren Sinn und Ursprung nicht in, sondern außer dem Stücke suchen.

Dies sind die Mängel der Aristophanischen Komödie. Wir dürfen nicht blind gegen sie sein, so sehr wir auch sonst mit vollem Rechte die Größe dieser gewaltigen Komödie bewundern. Jedenfalls machen sie uns bedenklich, wenn jetzt wieder so Viele um jeden Preis die Wiedererweckung der Aristophanischen Komödie in der strictesten Form verlangen.

Eine andere Art der komischen Phantastik ist das romantische Mährchenlustspiel.

Shakespeare's Sommernachtstraum, den Sturm und das Wintermährchen, wer kennt sie nicht als die vollendetsten Muster? Wir stehen auch hier außerhalb des gewöhnlichen Weltlaufs. Elfen und Gnomen, gute und böse Geister erscheinen, es ereignen sich die wunderbarsten und seltsamsten Dinge, die allen Gesetzen der Natur widersprechen; kurz, wir leben in einer verzauberten Welt, im Lande des Traumes, in der Poesie des Wunders. Aristophanes selbst leitet ge-

wissermaßen die politische Phantastik in diese harm=
lose Mährchenphantastik hinüber. Was ist der
»Plutos« Anderes als ein solch dramatisches Mähr=
chen? Und sicher ist die sogenannte mittlere Komödie
der Griechen an ähnlichen Dichtungen reich gewesen.

Die Welt des romantischen Mährchenlustspiels ist
weit entfernt von der Aristophanischen Kriegslust. Sie
ist eine frische, heitere Idylle; frühlingsduftig und träu=
merisch, wie es der holden Mährchenwelt zukommt.
Die Phantasie überläßt sich behaglich dem lieblichen
Gaukelspiel ihrer traumgebornen Bilder, sie wiegt und
schaukelt sich selig in sich selber. Daher ist hier
nicht mehr ein solch geflissentliches Verletzen der poe=
tischen Illusion, wie bei Aristophanes; im Gegentheil,
diese luftige Mährchenwelt ist eine eigene Welt für sich,
frei und fest in sich abgegrenzt; der Dichter ist sorgsam
darauf bedacht, daß nur ja nicht die rauhe Nordluft
der plumpen Wirklichkeit die sonnige Heiterkeit dieser
leichten Träume zerstöre. »Mährchen noch so wunder=
bar, Dichterkünste machen's wahr.« Die duftige Zeich=
nung der Charaktere und Situationen, die abenteuer=
liche Buntheit der sich durchkreuzenden Begebenheiten,
die komischen Schlaglichter, die aus der wirklichen Welt
herüberfallen, so daß die Traumwelt als wahr und
vernünftig, die Wirklichkeit aber als unnatürlich und
wirr sich spiegelt, die träumerisch verschwebenden Töne
der eingeflochtenen Lieder, — das Alles dient nur, um

den Zuschauer ganz und gar zu verzaubern und ihn
listig für den Glauben an die Wahrheit dieses übernatürlichen Weltlaufs gefangen zu nehmen. Man ver-
kennt auch hier das Wesen dieser wunderbaren Schö-
pfungen völlig, wenn man, dem Beispiel der neuesten
Erklärer Shakespeare's folgend, nur immer ängstlich
nach der Grundidee frägt, die alle diese bunten Mannich-
faltigkeiten zur innern Einheit verbinde. Diese vielfachen Fäden alle, die hier mit meisterhafter Kunst zu
einem so zauberhaft reizenden Ganzen verwebt sind, sie
sind nicht aus den Forderungen irgend eines tendenziö-
sen Gedankens, sie sind nur aus der Weisheit der poetischen Technik entsprungen. Die Lichter heben sich
durch die Schatten, und die Schatten durch die Lichter. Und wenn man daher hie und da gesagt hat, der
Sommernachtstraum, ein Jugendwerk Shakespeare's,
sei nicht so vollendet, wie der Sturm und das Wintermährchen, die in die letzte Lebenszeit des Dichters gehören, so kann diese Behauptung, soll sie überhaupt
einen Sinn haben, nur das hervorheben wollen, daß
alle diese verschiedenartigen Personen und Handlungen,
daß namentlich die tiefbedeutsamen Gegensätze des natürlichen und übernatürlichen Lebens, die im Sommernachtstraum nur lose und äußerlich neben einander gestellt sind, in jenen späteren Stücken sich straffer zu
einer einzigen, gemeinsamen, dramatisch fortschreitenden
Haupthandlung verknüpfen. Denn in jeder andern
Beziehung ist dieser Sommernachtstraum wohl die zar-

teſte Dichtung, bie jemals die Phantaſie eines Menſchen
erſonnen hat.

Alſo phantaſtiſch iſt dieſes romantiſche Mährchen=
luſtſpiel auch, aber es iſt die Phantaſtik des Kaleido=
ſkops, es iſt nicht die Phantaſtik des Hohlſpiegels.
Ich unterſchreibe es aus vollſter Seele, wenn Solger
(Nachgel. Schriften Th. 2. S. 570) es ausſpricht, daß
ihm dieſe Shakeſpeare'ſche Art der Komödie weit er=
quicklicher und erheiternder ſei als die Ariſtophaniſche.
In der Komödie des Ariſtophanes werden wir von
dem Schmerz über die Verkehrtheiten des Lebens nicht
ſowohl befreit, wir verſuchen ihn nur mit lachendem
Muth zu vertändeln. In dieſem romantiſchen Mähr=
chenluſtſpiel Shakeſpeare's dagegen leben wir in Wahr=
heit in der Welt idealer Heiterkeit.

Die Form der Ariſtophaniſchen Komödie iſt ver=
gangen, und alle Verſuche, ſie wieder in's Leben zu
rufen, ſind fruchtlos geblieben. Die Form des roman=
tiſchen Mährchendrama aber hat ſich rüſtig weiter ge=
ſtaltet, es lebt unter uns als Zauberſpiel und als ro=
mantiſche Oper. Sie iſt ſo ſüß, dieſe Luſt der Mährchen
und Wunder! Beengt durch bie Grenzen des Wirk=
lichen, will der Menſch wenigſtens im freien Spiele
der Phantaſie die läſtigen Feſſeln von ſich ſchütteln.
Er malt ſich eine Welt aus, in ber er unumſchränkter
Herr iſt.

156

Und dennoch! Diese phantastische Komik, eben weil sie phantastisch ist, erfüllt nicht den ganzen Menschen. Neben ihr erhebt sich daher unversehens die realistische Komik und wird bald ihr gefährlichster Gegner. Zuletzt verdrängt diese die Phantastik fast gänzlich.

Die erste realistische Komik ist die sogenannte neuere Komödie der Griechen.

Es ist ein Irrwahn, wenn man den Untergang der Aristophanischen Komödie immer nur aus dem Untergange der athenischen Theaterfreiheit erklären will. Der Gang der griechischen Bildung bedingt diese Wandlung mit innerster Nothwendigkeit. Eine Denkweise, die in der Tragik des Euripides den tiefbedeutsamen Fortschritt gemacht hat, daß sie die tragische Schuld nicht aus einem außerweltlichen Schicksal, sondern einzig und allein aus der schuldvollen Leidenschaft, aus Charakter und Gemüth des tragischen Helden selbst ableitet, eine solche Denkweise muß naturgemäß auch in der Komödie auf den Boden der Wirklichkeit treten. Ist die Aristophanische Phantastik die komische Kehrseite der tragischen Schicksalsidee, so ist nun ganz in derselben Weise diese realistische Komödie die Kehrseite der modernen Charaktertragik.

Welch ein gewaltiger Gegensatz! Diese realistische Komödie will nicht mehr, wie die phantastische, als

eine ganz selbständige, von der Welt abgetrennte
Schöpfung der Phantasie gelten. Sie tritt als wirk=
liches Ereigniß auf; sie beansprucht überall den Schein
der unbezweifelbaren Wahrheit. In der Zeichnung der
Charaktere und Situationen ist täuschende Natürlich=
keit ihre erste Lebensbedingung; ein alter Grammatiker
glaubte den Menander, den Begründer dieser neuen
Komödie, nicht besser rühmen zu können, als indem er
ausrief: »O Leben und Menander, wer von euch bei=
den hat den andern nachgeahmt?« Und auch in der
Komposition herrscht dieselbe Straffheit. Es ist eine
in sich einige, folgerichtig zusammenhängende Hand=
lung, und diese ist ächt dramatisch streng nach Anfang,
Mitte und Ende gegliedert. Verwicklung und Lösung
sind von Hause aus genau auf einander berechnet; die
eine ergiebt mit Nothwendigkeit die andere. Kurz,
wir stehen hier durchaus inmitten der treusten Natur=
bestimmtheit.

Alle neueren Völker ohne Ausnahme haben sich
unbedingt dieser realistischen Komik, dem Charakter=
und Intriguenlustspiele zugewendet. Dies ist kein Zu=
fall, es liegt im tiefsten Wesen der Sache. Die ganze
neuere Kunst hat naturnothwendig diesen Zug nach
Natürlichkeit; denn die moderne Welt kennt ja in letz=
ter Instanz gar keine anderen Götter als die Gesetze
und Bedingungen der Natur und des Menschenlebens.
Es rächt sich daher immer, wenn ein Dichter in lau=

nischer Willkür diesen geschichtlichen Fingerzeig unbe=
achtet läßt.

Nichtsdestoweniger erhebt sich jetzt, wenigstens in
Deutschland, in der Kritik sowohl wie in der Dichtung,
ein offener Rückschlag gegen dieses realistische Lustspiel.
Man strebt nach Wiedererweckung der Aristophanischen
Komik. Ist dieser Drang nur eine eitle Ueberschweng=
lichkeit oder liegt ihm wirklich ein tieferer Gedanke zu
Grunde?

Man betrachtet dieses moderne Lustspiel gegen die
Hoheit der Aristophanischen Komik als einen entschie=
denen Rückschritt. Man will also jene verlorene Schön=
heit mit allen Kräften wieder erobern. Mit welchem
Rechte freilich, das ist eine andere Frage. Meiner in=
nigsten Ueberzeugung nach ist diese Ansicht, in diesem
Umfange wenigstens, durchaus falsch. Sie unterschei=
det nicht scharf genug zwischen Form und Inhalt.

Im Inhalt freilich, da ist die Aristophanische Ko=
mödie unendlich der modernen überlegen. Wem wäre
es zu verargen, daß er Ueberdruß hat an jenen ver=
liebten Mündeln und geprellten Vormündern, die seit
Urgedenken in entsetzlichster Einförmigkeit alle moder=
nen Bühnen bevölkern? Wer sehnt sich nicht aus der
drückenden Stickluft matter Lächerlichkeiten in die spru=
delnde Lebenskraft freien Humores? Wer theilt also

nicht die Luſt am Ariſtophanes und den Drang, ſeine großartige Komik bei uns wieder lebendig zu machen? Anders aber ſtellt ſich die Sache, wenn wir die Form in Betracht ziehen. Hier ſteht die realiſtiſche Komik in einem ſehr bedeutenden Punkte entſchieden über der phantaſtiſchen. Denn jedenfalls ſteht das feſt: bei Ariſtophanes iſt der Witz, ſo genial er an ſich iſt, eben doch nur ein rein ſubjectiver, in der realiſtiſchen Komik aber liegt er in den Dingen ſelber, entſpringt aus deren thatſächlichem Zuſammenſtoß, iſt rein ſachlich. Der Uebergang von der phantaſtiſchen Komik zur realiſtiſchen war culturgeſchichtlich ein unendlicher Fortſchritt, eben ſo wie es ein unendlicher Fortſchritt war, als ſich aus der antiken Schickſalstragödie die Anfänge der modernen Charaktertragödie herausarbeiteten. Wir können nicht mehr zurück in dieſe phantaſtiſche Komik, wie der reife Mann nicht zurück kann in die Traumwelt der Jugend.

Nicht darum erſcheint die neuere Komödie ſo unendlich geringer und enger als die Ariſtophaniſche, weil ſie die treuſte Spiegelung des Naturwahren zu geben bemüht iſt, dies iſt vielmehr ihr großes Verdienſt; ſondern nur darum, weil ſie aus Mangel an der Oeffentlichkeit des Staatslebens fortwährend bisher ihre Stoffe nur aus dem untergeordneten Kreiſe enger Privatverhältniſſe zu ziehen gezwungen war.

Ariſtophaniſcher Inhalt in realiſtiſcher Form, das

ist die Zukunft der modernen Komödie. Ganz in demselben Sinne sagt Vischer einmal in den Jahrbüchern
der Gegenwart (1845. S. 252.): »Je entgegengesetzter
dem Aristophanes in der Form, je modern populärer,
desto Aristophanischer! so muß der Dichter rufen, der
sich gewiß ist, den Geist des Aristophanes in sich zu
tragen.«

Mit dem kühneren Inhalte kommt dann von selbst
auch die kühnere Form. Und so stände wohl zu erwarten, daß das moderne Lustspiel mit der Zeit nicht
blos auf das Scherzhafte und Lächerliche beschränkt
bleibt, sondern sich immer mehr und mehr auf die
Höhe ächt humoristischer Darstellung zu erheben weiß.

2.

Die Komödie der Gegenwart.

So oft es auch die Lustspieldichter, namentlich die deutschen, versucht haben, uns aus den Niederungen des Charakter= und Intriguenlustspiels wieder hinauf=zuführen auf die Höhen der Aristophanischen und roman=tischen Komik, — alle diese Versuche sind insgesammt immer schmählich gescheitert.

Möchte man es endlich einsehen, daß auf diesem Wege das Ziel nicht zu erreichen ist. Die Kluft zwi=schen Literatur und Bühne wird dadurch nur immer weiter; die Komödie, die ihrer innersten Natur nach die volksthümlichste Gattung der Kunst ist, wird nur immer gelehrter und gekünstelter!

Tieck's gestiefelter Kater und der Zerbino, Platen's verhängnißvolle Gabel und der romantische Oedipus, die politische Wochenstube von Robert Pruß, — was sind diese Dichtungen alle so genial und für den ge=

11

bildeten Kenner so hinreißend; aber in's Volk sind sie
nicht gedrungen, die Bretter haben sie niemals über=
schritten. Wie wäre es auch möglich? Sie stammen
aus fernen Zeiten und Zonen. Verpflanzt nur immer
einen stolzen fremdländischen Baum in unseren hei=
mischen Boden. Es gelingt nicht. Er verdorrt und
verkümmert, er fristet höchstens ein unscheinbares Treib=
hausleben.

Unser Staat, der noch immer nicht ein Rechts=,
sondern nur ein Polizeistaat ist, erlaubt nicht die Ko=
mödirung staatlicher Zustände. Die »politische Wochen=
stube« wurde nicht nur confiscirt und verboten; der
geniale Dichter, der noch in ganz anderer Weise als
Platen des sprudelnden Aristophanischen Geistes voll ist,
kam unter die peinliche Klage des Hochverraths. So
sind diese sogenannten Aristophanischen Komödien wohl
oder übel genöthigt, sich ganz und gar in den harm=
loseren Bezirk unserer Literaturfragen zurückzuziehen.
Und damit ist ihnen alle Wirkung abgeschnitten. In
Griechenland war die Literaturkomödie möglich; bei uns
aber ist sie es nicht. Auch Aristophanes war zuletzt, als
die athenische Theaterfreiheit bedroht war, in den Frö=
schen und Thesmophoriazusen auf die zahme Literatur=
komödie beschränkt. Aber was schadete es? Er hatte
nichtsdestoweniger das Verständniß und die innigste
Theilnahme des ganzen Volkes. In Griechenland war
Kunst und Bildung öffentliches Gemeingut; der Den=

ker predigte seine Lehre Allen verständlich auf offener
Straße, Homer und Pindar lebten in Aller Gedächt=
niß, und die großen Tragödien, ihrem Stoffe nach
ohnehin aus den religiösen Volksmythen herausgewach=
sen, waren Allen bis in's Einzelste hinein bekannt durch
die großen öffentlichen Aufführungen. Jeder satirische
Hieb also sitzt, jeder Witz, jede Anspielung, jede An=
züglichkeit. Wie aber bei uns? Bei uns, wo die
unfreie Bildung, wo der handwerksmäßige Zuschnitt
unseres Gelehrtenthums, wo die scharfe Sonderung der
Stände und Berufsthätigkeiten die unendliche Mehrzahl
des Volkes vom Genusse der freien Güter der Mensch=
heit ausschließt? Wo die Kunde literarischer Dinge
nur das traurige Vorrecht weniger auserwählter Kreise
ist? Bedenkt nur, daß diese Komik wesentlich paro=
discher Natur ist, daß ihre eigentliche Pointe nicht
unmittelbar aus der Dichtung selbst herausspringt,
sondern erst mittelbar aus der unwillkürlichen Ver=
gleichung zwischen dem verspotteten Urbild und dem
spottenden Zerrbild! So verpuffen die prächtigsten
Witze wirkungslos. Bei uns ist diese Literaturkomödie
ein sinnloses Unding ohne Saft und Kraft, eine ge=
lehrte Phantasterei, nichts weiter.

Wie aber, wenn einst unsere Komödie in einem
freien Staate wirkliche Staatskomödie sein kann? Ich
antworte: auch dann dürfen wir noch immer nicht die
ausgetretenen alten Wege gehen. Wir müssen uns unsere

eigenen neuen suchen. Das Volk hat keine Anknüpfungs=
punkte für diese phantastisch allegorische Kompositions=
weise. Nicht nur, baß es nicht mehr dieses schicksal=
gleiche persönliche Eingreifen bes Dichlers ertragen
mag; es giebt für uns noch ein ganz anderes, sehr be=
beutendes Hemmniß. Diese aristophanisirende Form
kann nicht auskommen ohne mythische Personifikationen.
Diese waren der griechischen Phantasie geläufig, die
ganze griechische Religion ist in dieser Weise per=
sonenbildend. Uns aber widerstreben sie, uns sind sie
fremd unb sinnlos. Sie entrücken uns unserem ge=
wohnten Gedankenleben, sie bringen uns um alle
dichterische Täuschung. Als in Berlin der Goethe'sche
»Epimenides« aufgeführt wurde, wußte bas Volk mit
diesen allegorischen Personifikationen nichts anzufangen,
es rächte sich durch ben Volkswitz, es taufte ben Titel
um in ein ironisches »I wie meenen Sie beß?« Unb
biese Ironie wird sich in ähnlichen Fällen überall wie=
berholen. Wehe aber einer Komödie, ber das ganze
hochverehrte Publikum, einige feinschmeckerische Kenner
im Parterre abgerechnet, mit einem solchen bedenklichen
»I wie meenen Sie beß?« entgegenkommt! —

Für Diejenigen, bie nur in ber phantastischen Ko=
mik an bie Möglichkeit freien Humors glauben, bleibt
also einzig bas romantische Mährchenlustspiel. Daher
ist auch bas Bedürfniß nach dieser Gattung immer
rege geblieben; sie erlaubt breistere Schwänke, sie waltet

und schaltet ungehindert mit Zeit und Raum, die
Phantasie kann sich hier jugendlich in den tollsten
Sprüngen ergehen. Namentlich die Volkslust ergötzt
sich hier; die commedia dell 'arte der Italiener, die
Puppen- und Fastnachtsspiele bis hinauf zum Donau-
weibchen und dem bunten Gefolge der Wiener Zauber-
possen, sie alle gehören zu dieser phantastischen Komik.
Und auch die Kunstpoesie kehrt immer wieder mit Vorliebe hieher zurück. Gozzi hatte mit seinen Feenmähr-
chen eine Zeitlang die unerwartetsten Erfolge, Schiller
begünstigte diese Richtung durch die Uebersetzung der
Turandot; die Romantiker, Tieck an der Spitze und
nach ihm Brentano und Arnim und Oehlenschläger,
glaubten 'nur von hier aus das abgezehrte Lustspiel
verjüngen zu können, und selbst in der neuesten Zeit
haben Henrik Hertz und Hebbel es wieder versucht,
um die schlafenden Elfen und Feen zu werben.

Aber wunderlich genug! alle diese mannigfachen
Versuche unserer Kunstpoeten haben die Bühne entweder gar nicht gesehen, oder doch nur sehr vorüber-
gehend. Meist sind diese Zauberstücke nur kindisch,
nicht kindlich; nur gekünstelt und unwahr, nicht frisch
und natürlich. Einzig Raimund hat dies romantische
Mährchenlustspiel in Wahrheit wieder für uns lebendig gemacht und Nord und Süd und Jung und Alt
damit in gleicher Weise entzückt. Aber diese Mähr-
chenstücke Raimund's sind eben selbst durch und durch

ein Stück lebendiger Volkspoesie. Sie sind nicht nach
Laune und Belieben ohne Weiteres aus der Pistole
geschossen; sie sind unmittelbar aus dem Wiener Volks=
geiste herausgewachsen. Sie fußten auf liebevoll ge=
pflegter Tradition, sie sind wie überhaupt der Leopold=
städter Kasperl nur die volksthümliche Fortbildung
jener alten burlesken Stegreifkomödien, die in Wien
sich niemals völlig durch das regelmäßige Drama haben
verscheuchen lassen.

Dabei drängt sich eine wichtige Betrachtung auf.
Unter allen Umständen unerläßlich ist für diese Zauber=
stücke die Musik. Nur diese hat die Mittel, uns ein=
zuwiegen in jene träumerisch hingebende Stimmung,
die uns glauben macht an diese Wunder der Mährchen=
welt. Das hätte Hebbel bedenken sollen, als er den
kühnen Versuch mit seinem »Rubin« wagte. Die im=
mer vollere Ausbildung der Musik hat sich daher all=
mälig immer mehr dieser Stoffe bemächtigt. Das
phantastische Lustspiel ist jetzt phantastische oder roman=
tische Oper geworden, unb es ist leicht zu sehen, daß
diese naturgemäße Hinneigung zur Oper sogar schon
im Sturm und im Sommernachtstraum offen hervor=
tritt. Mozart hat sehr wohl gewußt, was er mit sei=
ner Zauberflöte wollte. Nur war Schikaneder der
Mann nicht, dem Zauber der Musik durch den Zauber
der Dichtung die nöthige Unterlage oder, wenn man
lieber will, bas nöthige Gegengewicht zu geben.

Wer also nicht blos Singspiel und Oper, wer ein
wirklich recitirendes Lustspiel will, der muß wohl oder
übel immer wieder auf die realistische Komödie zurück=
kommen, auf das Charakter= und Intriguenlustspiel.

Hier aber beginnen erst recht die Zweifel.

Charakterstück? Oder Intriguenstück? Oder, wo
möglich, Beides in Einem? Das hängt natürlich von
der Natur des Stoffes ab, den der Dichter behandelt.

Merkwürdiger Weise steht jetzt ziemlich allgemein
das Charakterlustspiel in sehr üblem Rufe. Und gewiß
wird Niemand leugnen, daß ein solches Charakterlust=
spiel sogar bei Meistern wie Molière zuweilen in's Un=
natürliche, oft sogar in's Peinigende ausartet; der Mensch
geht öfterer auf in großen Leidenschaften als so ganz
und gar in großen Thorheiten und »Humours«. Troß=
dem glaube ich, gerade das Charakterlustspiel hat jetzt
eine große Zukunft. Die komischen Kauze sterben nicht
aus, im Gegentheil, sie werden sich nur um so breiter
machen, je mehr uns eine wahrhaft menschliche Bil=
dung befreien wird von der glatten und farblosen
Gleichförmigkeit unserer heutigen gesellschaftlichen Sit=
ten und Zustände. Und was die Hauptsache ist, das
Lustspiel wird fortan nicht mehr »jene zufälligen Nar=
ren, welche in der Enge des Privatlebens ausgebrütet
werden,« sondern »große Narren, geschichtliche Narren,

Staatsnarren, historische Masken,« herausgreifen. Poli=
tiker, die sich in irgend eine einseitige Parteiansicht
festgerannt haben und nun von allen Seiten durch
Menschen und Ereignisse gehänselt und geprellt wer=
den; Charaktertypen, deren Verspottung die Verspot=
tung ganzer Parteien und damit ächt aristophanisch die
Verspottung der ganzen Zeit ist; das sind fortan die
komischen Charaktere des modernen Charakterlustspiels.
Und in diesem Sinne stehe ich nicht an, die in Kolat=
schek's deutscher Monatsschrift 1850 (Oktoberheft) mit=
getheilte Posse, »der Reichstagsprofessor,« von Reinhold
Solger, als einen überaus glücklichen und erfreulichen
Anfang unserer politischen Komödie zu bezeichnen. Die
anderen Parteien mögen es ihrerseits eben so wenig
fehlen lassen an Geißelung der Demokratie. Immer
zu, immer zu! Je toller, desto besser.

In diesem Augenblicke herrscht auf allen Bühnen
der gebildeten Welt das französische Intriguenlustspiel.
Und dies wird bei uns so lange herrschend bleiben,
bis die Gunst der äußeren Umstände uns eine tiefere,
eine mehr nationale Komödie möglich macht.

Scribe ist der Meister dieses französischen Intriguen=
lustspiels. Natürlich nicht jener Scribe, der nur ein
reicher Fabrikant ist und der sich kaufmännisch mit
irgend einem Compagnon associirt, um den Bühnen
vertragsmäßig den nöthigen Bedarf zu liefern, sondern

der Dichter Scribe, der Bertrand et Raton, l'am-
bitieux, le verre d'eau, le fils de Cromwell, les
contes de la reine de Navarre, le mariage d'argent,
la cameraderie, la calomnie, la passion secrète,
une chaine, le puff und alle diese reizvollen Stücke
geschrieben hat.

Der Ausgangspunkt dieser Scribe'schen Lustspiele
ist immer eine fein angesponnene Intrigue. Und diese
Intrigue rollt sich dann mit einer so geschäftigen Hast
und mit einer so wunderbar kecken Schlauheit des
Minirens und Gegenminirens auseinander und verschiebt
sich dann wieder unversehens und verwickelt sich immer
auf's Neue in so ganz unerwartete Windungen, daß
der Zuschauer, obgleich in jeder einzelnen Scene in die
Geheimnisse der Handelnden völlig eingeweiht, doch
vor lauter Hoffen und Erwarten und Ueberraschtwer=
den bis auf den letzten Augenblick in der ungeduldig=
sten und vergnüglichsten Spannung bleibt. Freilich
giebt es hie und da gar arge Verstöße gegen das
Wahrscheinliche, ja gegen das Mögliche, aber was ver=
schlägt es, wir merken sie kaum, die Raschheit der
Handlung läßt uns nicht viel Zeit zu kaltem Besinnen.
Und Scribe vergißt über der Lust an dem Spiel
der Intrigue auch die Zeichnung der Charaktere nicht.
In seinen guten Stücken wenigstens ist nirgends
leblose Schablonenmalerei, sondern überall fein in=
dividualisirte, naturwahre Lebendigkeit. Dazu die

feinſte Anmuth im Situationenwitz, ein friſcher und
pikanter Dialog und als Grundlage die tüchtige und
liebenswürdige Perſönlichkeit des Dichters. Das er=
klärt hinlänglich die großen Erfolge, die jetzt Scribe
überall findet.

Man wird Scribe's Verdienſten erſt völlig gerecht,
wenn man ihn mit ſeinen vielen Nachahmern vergleicht.
Scribe iſt ein König, der ſeine Schätze mit vollen
Händen verſchwenderiſch ausſtreut. Die Nachahmer
aber hetzen meiſt einen an ſich vielleicht recht artigen
Einfall völlig zu Tode. Sie ſind prahleriſche Bettler,
die um ſo armſeliger ausſehen, je bedächtiger ſie ihre
Armuth mit abgenutztem Flitterwerk zu verdecken trachten.

Aber allerdings hat auch dieſes Scribe'ſche Luſtſpiel
ſeine ſehr bedeutenden Mängel. Es iſt mehr Esprit
als Poeſie. Der Plan ſcheint verwickelt, aber im
Grunde genommen iſt er ſehr einfach. Man kann ſicher
darauf rechnen, alle dieſe Perſonen und Intereſſen kom=
men in dieſem bunten Wechſel der Scenen einmal mit
einander in Berührung und Gegenſatz. Dieſe Freund=
ſchaften und Feindſchaften, dieſes ſich Suchen und
Fliehen, dieſes ſich Fördern und Hemmen, es iſt, als
wäre es damit auf eine gewiſſe Vollſtändigkeit der
mathematiſchen Combinationen abgeſehen. Die Komik
iſt daher nicht der Humor der Ereigniſſe, ſie iſt nur
die Komik einer künſtlichen Maſchinerie. All dies kunſt=

volle Verweben und Ineinanderschieben der Handlung,
dies lustige Durcheinanderspringen eines rasch wechseln=
den Herüber und Hinüber, liegt lediglich in der Hand
eines leitenden Intriguanten, der gleichsam die Rolle
des modernen Schicksals übernommen hat. Er selbst
geräth niemals ernstlich in diese sich durchkreuzenden
Wirrnisse, er spielt nur nach Lust und Laune mit den
Plänen und Absichten der Andern, wie der Marionetten=
spieler mit seinen Marionetten, oder der Schachspieler
mit seinen Figuren. Scribe selbst ist geistvoll genug,
um diesen Fehler bald mit mehr, bald mit weniger
Glück zu verstecken. Bei den Nachahmern aber, bei
den französischen sowohl wie bei den deutschen, tritt dies
schreiend zu Tage. Da agiren nicht mehr lebendige
Personen mit ganz bestimmten gesellschaftlichen Stellun=
gen, da agiren nur noch leblose Masken. Wie wäre
sonst jene in Frankreich übliche Unsitte denkbar, daß
sich meist mehrere Dichter zum gemeinsamen Schaffen
eines Lustspiels verbinden? Ein solches von Mehreren
zusammengeleimtes Stück muß ja nothwendig rein
äußerlich und mechanisch sein.

Es sind die mannigfachsten Versuche gemacht wor=
den, dieser Unpoesie des französischen Lustspiels entgegen
zu treten. Man hat nach den Shakespeare'schen Lustspielen
hinübergegriffen. Sie wollen selbst in Umarbeitungen
nicht mehr recht fangen. Der Geist der italienischen No=
vellen, denen diese Lustspiele größtentheils entlehnt sind,

ist unserm Zeitgeiste schon allzu sehr entfremdet, und jene
Narren und Simpel wie Junker Tobias und Christoph
von Bleichenwang und Malvolio und der Narr in der
»Viola«, erscheinen uns jetzt als allzu karikirt und phan=
tastisch, als daß nicht alle diese Stücke und etwaige Nach=
ahmungen durch die Aufführung in ein ganz falsches
und unzuträgliches Licht gestellt würden. Und eben so ist
es mit den spanischen Mantel= und Degenstücken. Alle
derartigen Versuche von Platen's gläsernem Pantoffel
und dem Schatz des Rhamsinit an bis hinab zu Halm's
König und Bauer sind gänzlich verunglückt. Das
spanische Lustspiel läßt sich zu uns nicht verpflanzen,
eben weil es ganz national ist. Der Ton ist zu lyrisch,
die Verwicklungen überstürzen sich allzu rasch für unsere
nordische Langsamkeit, die Intrigue ruht zu ausschließ=
lich auf den Sitten und Herkömmlichkeiten des spani=
schen Adelthums. Ja, das gilt selbst von den späteren
spanischen Stücken, in denen Intrigue und Charakter=
entwicklung so reizvoll verwebt sind, wie von Don
Moreto's »Trotz wider Trotz.« Was hat Schreyvogel
(C. A. West) nicht für bedeutende Aenderungen der
Motive vornehmen müssen, damit dies unübertrefflich
feine Lustspiel als »Donna Diana« ein Lieblingsstück
des deutschen Theaters werden konnte! —

Unter diesen Umständen ist es jedenfalls am förder=
lichsten, daß das Lustspiel für jetzt auf dem einmal ge=
wonnenen Boden des Scribe'schen Intriguenstückes un=

beirrt fortschreite. Nicht darüber dürfen wir klagen,
daß nachgeahmt wird, sondern nur darüber, daß diese
Nachahmungen so armselig ausfallen. In der Form
mangelt uns die Fülle und die Feinheit der Erfindung,
die leichte Anmuth des Dialogs, die fortreißende Schnel=
ligkeit der Handlung. Und vollends im Stoff ist unsere
Armuth nur um so schlimmer. Der schlechteste fran=
zösische Lustspieldichter hat doch immer irgend eine wich=
tige sittliche oder gesellschaftliche Lebensfrage, wenn auch
nur leicht vorüberstreifend, zum Vorwurf. Bei uns da=
gegen giebt selbst ein Bauernfeld Nichts als immer nur
die unerträglichsten Fadheiten des Wiener Stutzerthums!

Wer kennt die Noth des deutschen Lustspielrepertoirs
und stimmt nicht aus vollster Seele in diese Klage?

Als Goethe im Jahre 1801 ein Preislustspiel aus=
schrieb, da liefen dreizehn Stücke ein, aber kein ein=
ziges war probehaltig. Und erst jüngst wieder hatten
die Berliner und Wiener Preisausschreibungen ganz
denselben niederschlagenden Ausgang.

Schiller forderte einmal, wie er uns in seinem
Briefwechsel mit Körner (Th. 3 S. 267) erzählt,
Goethe'n auf, seine ganze Kraft an einem Lustspiele
zu versuchen. Goethe ging aber nicht darauf ein.
Und warum nicht? Er meinte, wir hätten kein gesell=
schaftliches Leben.

174

Man hat daher von verschiedenen Seiten her na=
mentlich das historische Lustspiel empfohlen. Und aller=
dings hat dies von vornherein den unberechenbaren Vor=
theil, daß der Dichter in ihm von einem großen und
lebensfrischen Stoffe getragen wird. Das historische
Lustspiel ist der in's Dramatische übersetzte Memoirenstil.
Große Wirkungen werden aus kleinen Ursachen abge=
leitet, entscheidende geschichtliche Bewegungen aus Zu=
fälligkeiten, aus Hofintriguen, aus Verliebtheiten, ver=
letzten Eitelkeiten und ähnlichen Geringfügigkeiten. Es
ist eine Art von parodirender Behandlung der geschicht=
lichen Vernunft und Nothwendigkeit, und ein solches
Lustspiel ist um so feiner, mit je bewußterer Ironie
es diese parodische Seite herauskehrt. Scribe ist auch
hier wieder Meister, ja er ist gewissermaßen der Be=
gründer dieser Gattung. Sein weltberühmtes »Glas
Wasser« wird für Scherze dieser Art immer maßgebend
bleiben.

Auch wir freuen uns dieser historischen Lustspiele.
Nur müssen sie munter sein und wirklich dramatisch.
Es ist hier wie im historischen Trauerspiel. Die Ge=
schichte als Geschichte, und nun gar ihr parodisches
Kleinleben, hat in der Poesie durchaus keinen be=
sonderen Werth; der Stoff muß an sich ergötzen und
anziehen. Wir verzeihen hier gern kleine Verstöße
gegen die historische Wahrheit, wie denn auch in der
That alle Scribe'schen Stücke unter allen möglichen

historischen Rahmen immer nur das Leben der Juli=
dynastie ausmalen; nur wollen wir uns nicht aus
lauter historischer Vornehmheit langweilen. Der Stoff
muß unmittelbar in das Leben der Gegenwart ein=
greifen. Wir wissen, wie blitzartig Lessing's Minna
von Barnhelm durch ihren nationalen Gehalt in die
deutschen Gemüther einschlug. Gutzkow's »Zopf und
Schwert«, vor Allem aber sein unübertreffliches »Ur=
bild des Tartüffe«, sind in dieser Beziehung voll=
endete Muster des historischen Lustspiels. Und wir kön=
nen hinzufügen, der deutschen Lustspieldichtung über=
haupt. Gutzkow ist wie kein Anderer Deutschlands
Scribe. Möchte er recht bald wieder zum Lustspiel
zurückkehren! —

Historisch oder nicht historisch, das ist an sich gleich=
gültig. Die Hauptsache bleibt, daß das Lustspiel einen
bedeutenden Stoff habe, und daß es sich trotz seiner
knappen Grenzen dennoch so viel als möglich wieder
zu einer Form erhebe, in der, um mit Hegel (Aesth.
Th. 3. S. 579) zu sprechen, die Wohligkeit des Ge=
müths, die sichere Ausgelassenheit bei allem Mißlingen
und Verfehlen, der Uebermuth und die Keckheit der in
sich selber grundseligen Thorheit, Narrheit und Sub=
jectivität überhaupt wieder den Grundton ausmacht
und dadurch in vertiefterer Fülle und Innerlichkeit des
Humors das wiederherstellt, was Aristophanes in seinem
Felde bei den Alten am vollendetsten geleistet hatte.

176

Und sollte denn zu einer solchen höheren Wieder=
geburt der Aristophanischen Komödie gar keine Aussicht
vorhanden sein?

Wir müssen es abwarten. Ich für mein Theil
finde noch keinen Grund zum Verzweifeln. Es scheint
mir, für Den, der Augen hat zu sehen, sind solche
Anfänge bereits vorhanden. Die Zukunft des deutschen
Lustspiels hängt lediglich davon ab, ob Deutschland
politisch noch eine Zukunft hat.

»Berlin bei Nacht« und »Hunderttausend Thaler«,
wer hat diese und ähnliche Stücke gesehen, ohne sich
zu sagen, daß es im Grunde genommen herzlich fade
und poesielose Machwerke seien. Was hier als Humor
verkauft wird, das ist meist nur verlumpte Schwieme=
lei; der Witz ist nicht der sachliche Witz der Situationen
und Charaktere, es ist meist nur Wortwitz, und dieser
ist dazu noch so specifisch berlinerisch, daß er außerhalb
Berlins, namentlich in Süddeutschland, nicht nur nicht
Anklang findet, sondern unbarmherzig verhöhnt und
ausgepocht wird; die ganze Darstellung ist die widrige
Natürlichkeit der über das Gesicht abgegossenen Gips=
maske, nicht die Idealität des freien Künstlers. Und
trotzalledem, wer kann den überraschenden Erfolg dieser
Stücke leugnen? Und wer kann es übersehen, daß in
der That specifisch neue Elemente in diesen an sich so
unscheinbaren Possen vorhanden sind?

Ich kann meine Gedanken und Hoffnungen über diese Dinge nicht besser zusammenfassen, als indem ich einen Brief mittheile, den mir einmal mein Freund, der Dichter Gottfried Keller, geschrieben hat. Auch dieser betrachtet diese Possen, so schlecht sie immerhin sein mögen, als bedeutende Vorboten einer neuen Komödie. Es seien hier bereits, — meint er —, eine Menge traditioneller Bühnengewohnheiten in den Motiven und Situationen und Charakteren, es fehle nur die Hand, welche sie reinige und durch geniale Verwendung den großen Bühnen aufzwinge. Und dann fährt er fort: »Ich bin überzeugt, daß wenn wir jetzt einen dreißig- oder vierzigjährigen Goethe hätten, ja selbst nur einen Wieland, so würde dieser aus den vorhandenen Anfängen bald etwas gemacht haben. Denn sowohl die Form wie die Art des Witzes und seines Vortrages sind neu und ursprünglich. Und was das Beste und Herrlichste ist, das Volk, die Zeit haben sich diese Gattung selbst geschaffen nach ihrem Bedürfnisse, sie ist kein Product literar-historischer Experimente, wie etwa die gelehrte Aufwärmung des Aristophanes. Gerade deswegen wird vielleicht ihre Bedeutung von den gelehrten Herren übersehen, bis sie ihnen fertig und gewappnet wie die junge Pallas vor den Augen steht.«

»Vorzüglich zwei wichtige Momente sind in der gegenwärtigen Beschaffenheit dieser Possen hervorragend. Das eine ist die größere Willkür in der Oekonomie.

Dadurch wird der für die politische Komödie durchaus
unentbehrliche göttliche Unsinn und unbeschränkte Muth=
willen wiederhergestellt. Das andere Moment ist die
Verbindung der Musik mit der Dichtung in den Cou=
plets. Diese Couplets hat in ihrer jetzigen Bedeutung
das Wiener Volk mit seinen obskuren Possendichtern
erfunden, und es ist weiter nichts dazu zu thun als
reinere Poesie und ein tüchtiger Inhalt. Freilich, diese
reinere Poesie und dieser tüchtige Inhalt ist es, die
nicht blos den Couplets, sondern dem Ganzen mangeln.
Aber die Weihe der Poesie wird sicher nicht ausbleiben,
wenn der tüchtige Inhalt durch die tüchtige Geschichte
geschafft wird. Gegenwärtig reitet man immer auf
dem Philister herum und seiner Misère, welches eben
kein poetischer Stoff ist, und auf den Erbärmlichkeiten
der jetzigen Politik, auf dem Belagerungszustande, der
deutschen Einheit, auf Hassenpflug und ähnlichen Din=
gen, insoweit es die Polizei zuläßt. Dies ist schon
lohnender. Aber der rechte Stoff wird nichtsdesto=
weniger erst dann vorhanden sein, wenn die Völker
frei, wenn geordnete würdige Zustände, wenn wahre
Staatsmänner, wenn andere Träger der Bildung vor=
handen sind. Alsdann werden auch die Conflikte der
inneren wie der äußeren Politik würdiger Art sein und
der Poesie eine gediegene Unterlage geben. Denn im
Theater über Lumpen zu lachen, ist nichts Erbauliches;
erst wenn wirklich große, aber einseitige Staatsmänner,
großartige Dummheiten ganzer Völker, edle Philo=

sophen, die sich in irgend eine Paradoxie verrannt haben, Gegenstand des dramatischen Spottes werden, erst dann wird auch die Posse eine edlere Natur annehmen.«

»Inzwischen ist es schon immerhin eine bedeutende Sache, die Bevölkerung einer so pfiffigen Weltstadt, wie Berlin ist, vor der Bühne versammelt und dem muthwilligen Schauspieler, der ihr seine Anspielungen mit wehmüthiger Laune vorsingt, eifrigst lauschen und zujubeln zu sehen. Bemerkenswerth ist auch, daß die Kunst der komischen Darstellung der Dichtung unendlich weit vorgeschritten ist. Sie ist bereits schon jetzt für eine klassische Komödie beinahe reif und fertig, während in der Tragödie umgekehrt die Darstellung fast eben so weit hinter den großen Dichtungen, die wir besitzen, zurückgeblieben ist. Besonders beim Vortrage der Couplets sind diese Komiker ausgezeichnet. Sie machen wunderliche und höchst ausgelassene Gesten und Sprünge dazu, meist zwei Komiker zusammen, das Werfen der belebten Beine giebt der Satire noch Nachdruck, und auch das Orchester erhöht seinerseits bei und nach den Refrains den Eindruck durch brummige Paukenschläge, durch einen schrillen Pfeifentriller oder einen lächerlichen Strich auf der Baßgeige. Unermeßliches Gelächter! — Ich habe es lebhaft mitgefühlt, wie in solchen Augenblicken das arme Volk und der an sich selbst verzweifelnde Philister Genug-

thuung findet für angethane Unbill, ja wie solche leichte
Lufthiebe tiefer dringen und nachhaltiger wirken als
manche Kammerrede. Auch Mimik und Musik also
bringen ganz neue und selbständige Lebenskeime. Und
damit wird ganz von selbst das innige Zusammen=
wirken des Dichters mit den anderen Bühnenkünsten
bewirkt. Der Dichter wird sich vor unplastischen und
unsingbaren Phantasien hüten müssen, während diese
lustigen Schnurren ihm neue Ideen und einen kräf=
tigeren Ton geben werden. Die Natur dieser Komödie
bedingt es ferner, daß Vieles in Uebereinkunft mit dem
ganzen Personal der Bühne nach den momentanen
Vorkommnissen und Stimmungen der Oeffentlichkeit
eingerichtet werden muß. Und daraus kann wieder
nur etwas Neues und Lebendiges entstehen. Denn es
ist eine Lüge, was die literarischen Schlafmützen be=
haupten, daß die Angelegenheiten des Tages keinen
bleibend poetischen Werth hätten. Der Großmeister
Aristophanes kann sie hierüber eines Besseren belehren.
Kurz, es ist rührend, zu sehen, wie unverkennbar hier
Volk und Kunst zusammen unbewußt nach einem
neuen Inhalt und nach der Befreiung eines allmälig
reifenden Ideales ringen.«

Die Lehre, die wir aus diesen Betrachtungen ziehen
müssen, ist einfach diese: Sorgt für die Idealität der
Wirklichkeit, und Ihr werdet die Idealität der Komödie
ganz von selbst haben.

Aber allerdings ist das sicher, wir werden noch
sehr tragische Zeiten erleben, bevor wir zu dieser rechten
Komödie kommen.

Die muſikaliſche Komödie und das muſikaliſche Drama überhaupt.

————

Richard Wagner hat die Behauptung aufgeſtellt, das recitirende Drama ſowohl wie alle übrigen Künſte, Baukunſt, Malerei, Plaſtik, würden dereinſt aufhören, als ſelbſtändige Künſte zu gelten, und ſich ſchließlich ganz und gar in ein einziges, großes, gemeinſames Kunſtwerk auflöſen. Dies Kunſtwerk der Zukunft ſei die Oper.

Es iſt hier der Ort nicht, näher auf dieſe Anſicht einzugehen und deren theilweiſe Berechtigung oder gänz= lichen Ungrund nachzuweiſen. In dieſem Umfange, wie ſie Wagner hinſtellt, wird ſchwerlich Jemand dieſe An= ſicht unterſchreiben mögen. Aber allerdings ſcheint mir das unleugbar, die Oper, oder ſagen wir lieber, das muſikaliſche Drama wird ſicher künftighin eine ſehr hervorragende Stellung einnehmen.

Die Komödie zeigt dies zunächſt am deutlichſten.

Je mehr die Komödie aus den engen Grenzen des Charakter= und Intriguenlustspiels herausschreitet, je mehr sie das blos Witzige, Scherzhafte und Lächerliche verläßt und in Wahrheit Darstellung und Genuß eines schönen und heiteren Menschenthums, d. h. je mehr sie freier Humor wird, um so unabweislicher muß sie, ihrer innersten Natur nach, zu ihrer vollen Wirkung das musikalische Element in sich aufnehmen. Denn nur die Musik umfaßt und durchdringt in ihrem elementaren Walten die ganze Menschennatur und löst uns ganz in Gefühl und Genuß auf.

Schon ist das romantische Mährchenlustspiel allmälich zur romantischen Oper geworden. Und ebenso hat bereits die komische Oper die engen Schranken des modernen Intriguen= und Charakterlustspiels durchbrochen: Das re= citirende Lustspiel, wie es jetzt ist, spannt und fesselt uns, es wendet sich an unseren Verstand und an unsere Neu= gier; aber volle Lustigkeit und ausgelassenen Jubel fin= den wir, jetzt wenigstens, nur noch im Liederspiel und in der komischen Oper; denn nur hier erheben uns die schmeichelnd neckischen Töne in eine freiere Anschauung, die nicht mehr ängstlich nach den Gesetzen des Wirk= lichen und Wahrscheinlichen fragt, sondern sich behag= lich dem gaukelnden Spiele menschlicher Thorheit hingiebt.

Und diese jubelnde Lust, die nicht mehr in der knap= pen Bestimmtheit des Wortes, sondern nur in der

unermeßlichen Weite des Tones genügenden Raum hat,
wird in der Zukunft nur immer mehr der Grund und
die Seele der komischen Kunst sein. Je mehr die
Menschheit sich aus ihren Wirren und Kämpfen heraus=
arbeitet, je menschlicher sie wird, desto glücklicher wird
sie. Und wie dereinst eine Zeit kommt, in der unsere
bildenden Künstler nicht blos Schlachten und Kämpfe,
sondern vorwiegend heiteren Genuß heiteren Glückes,
d. h. Genrebilder in großem historischen Stile malen,
so werden auch unsere Dramatiker nicht mehr blos Kämpfe,
seien es tragische oder komische, darstellen, sondern vorzugs=
weise auch kampflos glückliche Menschen, heitere Bilder
heiteren Genusses. Das ist die Zeit der dramatischen
Idylle, die dann nicht mehr vereinzelt dasteht wie etwa
im »Heirathsantrag auf Helgoland« oder im »Kurmärker
und der Picarde«, sondern das dann das bedeutsamste
Gebiet der gesammten dramatischen Kunst ist. Solche
dramatische Idyllen sind nicht mehr, wie die alten
italienischen Schäferspiele, eine Flucht aus der Wirk=
lichkeit, sie sind vielmehr nur der freudige Genuß der=
selben, eine wahrhaft bacchische Gottesfeier. Aus jenen
dramatischen Schäferspielen ist die Oper entstanden.
Das war kein Zufall, das war eine innere Nothwen=
digkeit. Wer zweifelt also, daß der Humor, je freier er
sich entbindet, nur um so voller und inniger nach dem
musikalischen Elemente hinüberstrebt?

Wenn wir daher auch nicht, wie Richard Wagner,

an die dereinstig ausschließliche Alleinherrschaft der Oper
glauben, so müssen wir doch jedenfalls zugeben, daß
wenigstens in der komischen Kunst Musik und Drama
sich immer mehr und mehr nähern und mit der Zeit
sich vielleicht ganz miteinander verschmelzen.

Anders freilich in der Tragödie. Wir wollen
hier nicht streiten, ob die Tragödie eine ewige Kunst=
form sei, oder ob dereinst, wie einige vorschnelle
Idealisten meinen, ein Zustand der Menschheit komme,
in dem es keine tragische Kämpfe und also auch
keine Tragödie gebe. Wir unsererseits fragen nur
darnach, wird die Tragödie ausschließlich, wie jetzt,
recitirendes Drama bleiben, oder wird sie, wie einst
die Tragödie des Alterthums, wieder mehr musikalisches
Leben in sich hereinziehen, oder wird sie wohl gar,
wie Richard Wagner behauptet, ihre jetzige recitirende
Form aufgeben und nach und nach ein rein und aus=
schließlich musikalisches Drama werden?

Nur alberner Hochmuth kann diese und ähnliche
Fragen für geringfügig halten. Es ist nun einmal
eine ganz unleugbare Thatsache, alle Opernhäuser sind
überfüllt, und unsere Schauspielhäuser werden immer
leerer. Und wer hier rasch bei der Hand ist und
diese Thatsache ohne viel Bedenken eben nur der
Roheit und dem Ungeschmack des heutigen Publi=
kums zur Last legt, nun! der beantworte doch die wei=

tere Frage: woher kommt es, daß, während troß aller
Bemühungen der Dramatiker in keinem Lande seit
Goethe und Schiller eine Tragödie erzeugt ist, die An=
spruch auf wirkliche Lebensdauer hätte, gerade in diesen
letzten Jahrzehnten in der heroischen Oper das rührigste
Leben herrscht? Schlag auf Schlag folgen sich hier
die tiefgreifendsten Werke. Nach Méhul und Cherubini
kommt Spontini mit der Vestalin und dem Ferdinand
Cortez, Rossini mit dem Wilhelm Tell, der zum Theil
maßgebend für die ganze Oper der letzten zwanzig
Jahre geworden ist, Auber mit der Stummen von
Portici und zuletzt, um uns nur an die Vorzüg=
lichsten zu halten, Meyerbeer mit den Hugenotten und
dem Propheten, und Richard Wagner mit dem Tann=
häuser und dem Lohengrin. Ist dies nichts als Zufall?
Oder will sich hier wirklich ein tieferer Zug der Zeit
offenbaren?

Wie wichtig ist diese Frage, und doch wie unendlich
schwer ist es, sie schon jetzt mit einiger Gewißheit zu
beantworten! —

Allerdings, wenn man in der Oper nur jenen sinnlosen
Melodienkitzel und jene übertäubende Instrumentirung
sieht und jenes elende Unwesen des äußeren Pomps in
den festlichen Aufzügen, in den Decorationen, Ver=
wandlungen und Balletten, wie sich dies in der neusten
Schöpfung Meyerbeer's, im Propheten, nachgerade zu

überstürzen sucht, da hat der ernste Freund des reci=
tirenden Drama vollkommen Recht, wenn er mit der
Oper unter keiner Bedingung vermitteln will und in
ihr nur eine verderbliche Buhlerin erblickt, die durch
niedrige Kokettenkünste die rechtmäßige Gemahlin um
ihre rechtmäßige Stellung betrügen will. Aber es wäre
unbillig, wollten wir verkennen, wie sich die Oper
doch auf der anderen Seite immer mehr und mehr
von dieser Schmach zu erlösen strebt. Die Oper will
in Wahrheit dramatisch, sie will als heroische Oper
rein tragisch werden. Und Meyerbeer selbst, so sehr er
auch in unwürdiger Weise jene niedrigen Opernkünste
herbeizieht, ist doch seinem innersten Wesen nach dra=
matisch durch und durch.

Um also jene Frage, so weit es jetzt möglich ist, zum
Abschluß zu bringen, müssen wir die streng dramatische
Natur der heroischen Oper noch etwas näher in's Auge
fassen. Und da können wir nicht umhin, noch einmal
vorzugsweise auf Richard Wagner zurückzukommen. Nicht
auf Wagner, den Theoretiker, sondern auf Wagner,
den musikalischen Künstler, der bemüht ist, seine Lehre
durch große Kunstgestaltungen praktisch in's Leben zu
führen. Dieser hat es auf ein musikalisches Drama im
größten Stile abgesehen.

Richard Wagner hat im Tannhäuser und im Lohen=
grin wieder an jene gewaltigen Reformen angeknüpft,

die gegen das Ende des vorigen Jahrhunderts von
Rameau, mit großartigstem Erfolge aber vor Allem
von Gluck ansgingen. Es ist bekannt, mit welchen
Worten Gluck seine »Alceste« dem Großherzoge von
Toscana widmete. »Als ich an die Composition der
Alceste ging,« sagt er, »nahm ich mir vor, alle die
Mißbräuche zu vermeiden, die die übelverstandene Eitel=
keit der Sänger und die übermäßige Gefälligkeit der
Tonsetzer in die italienische Oper eingeführt hatten, und
die aus dem prächtigsten und schönsten Schauspiel das
langweiligste und lächerlichste machen. Ich suchte der
Musik ihre wahre Stellung wiederzugeben, in der sie
bestimmt ist, die Dichtkunst zu unterstützen, den Aus=
druck des Gefühls und die Spannung der dramatischen
Situation zu steigern, nicht aber die Handlung zu
unterbrechen und durch überflüssigen Zierrath zu erkälten.
Ich hielt es für den Beruf der Musik, der Poesie das
hinzuzufügen, was eine gut angelegte Zeichnung von
der Lebhaftigkeit der Farben und dem richtigen Verhält=
niß von Licht und Schatten erhält, nämlich die Ge=
stalten zu beleben, ohne ihre Umrisse zu verwischen.
Ich habe mich also wohl gehütet, einen Schauspieler
in der Hitze des Dialogs zu unterbrechen, um auf ein
langweiliges Ritornell zu warten, oder ihn inmitten
seiner Rede plötzlich auf einem geeigneten Worte halten
zu lassen, sei es um in langen Passagen die Beweg=
lichkeit seiner Stimme zu entwickeln oder zu warten,
bis das Orchester ihm Zeit gebe, Athem zu neuen Fer=

maten und Cadencen zu schöpfen. Ebenso wenig habe
ich den zweiten Theil einer Arie, wenn er dem Wort-
inhalte nach wichtiger war, schnell übergehen zu müssen
geglaubt, um die Worte des ersten Theils regelmäßig
vier Mal zu wiederholen oder auch nach der Arie da
zu schließen, wo der Sinn nicht schließt, damit nur
der Sänger Gelegenheit erhalte, zu zeigen, auf wie
verschiedene Weise er die Phrase zu singen weiß. Kurz,
ich habe alle Mißbräuche verbannen wollen, gegen die
seit langer Zeit gesunde Vernunft und guter Geschmack
vergebens angekämpft haben.« Diese Gluck'schen Reformen haben in der Geschichte der Oper nicht jenen
umgestaltenden Einfluß gewonnen, den man ihnen
ihrer inneren Wichtigkeit halber ursprünglich hätte zu-
trauen sollen. Das kam daher, dieser puristische Classi-
cismus war nicht individuell und gemüthstief genug,
um den Hörer unwiderstehlich in seine Kreise zu ban-
nen. Mozart, der sich mit seinen liebenswürdig sinn-
lichen und doch so gehaltreichen Melodien der italienischen Schule anschloß, wurde der Sieger und ist unangefochten dieser Sieger geblieben, bis jetzt auf's Neue wieder
Wagner zu Gluck's musikalischer Keuschheit zurückkehrt.

Und doch kann nur in diesem hohen Stile von einem
wirklichen musikalischen Drama, von einer eigentlichen
Tragödie die Rede sein. In dieser Beziehung ist Wagner
jedenfalls eine sehr bedeutende, wenn nicht eine epoche-
machende Erscheinung.

190

Man denke über die Art seiner Musik wie man
wolle, man tadele oder man billige diese strenge Ent=
haltsamkeit, mit der hier alles freie und selbständige
Walten der Musik, das Schweben und Weben der
Töne in sich selber, und die lieblich überwuchernde Me=
lodienfülle aus der Oper ein für allemal ausgeschlossen
ist; das ist unleugbar, das dramatische Element der
Oper kommt erst hier und wahrscheinlich nur hier zu
seinem vollen Rechte. Bis dahin war die Oper nichts
als eine musikalische Composition, die zufällig ihre
Motive einem gut oder schlecht dramatisirten Texte ent=
lehnte; jetzt muß die Oper als musikalisches Drama
ihre Rechtfertigung in sich selber tragen, jetzt ist der
Text nicht mehr blos Text, er ist in Wahrheit ein
dramatisches Gedicht, welches solche dramatische Leiden=
schaften und Charaktere darstellt, deren höchster Aus=
druck nur in der Musik gefunden werden kann; mit
einem Worte, die Oper ist jetzt ein Drama, dessen
Idee und Stimmung voll und ganz nicht von der
Poesie erfaßt wird, wenn diese nicht zugleich von der Wir=
kung der Musik getragen, gehoben und vervollständigt ist.

Daher hier Nichts mehr von dem Bravourgesange
selbständiger Concertarien. Diese Menschen, die hier
vor uns auftreten, sind, wie Franz Liszt in seiner
liebevoll geistreichen Betrachtung des Lohengrin (Illu=
strirte Zeitung 1851. S. 232.) sagt, viel zu sehr von
ihren Leidenschaften durchdrungen, um sich mit Trillern

und Läufern die Zeit zu vertreiben. Hier sind über=
haupt keine Partien mehr, hier sind wirkliche Rollen;
die Sänger singen nicht nur, sie spielen auch, ja
Wagner legt nicht selten sogar in das stumme Spiel
sehr bedeutsame Motive. Und das Orchester schiebt
nicht blos einzelne Accorde ein, um dem vortragenden
Sänger harmonischen Halt und Grund zu geben; im
Orchester offenbaren sich vielmehr erst in voller Macht und
Innigkeit die durcheinanderwogenden Gefühle und Lei=
denschaften, die leisesten Regungen, wie die heftigsten
Kämpfe. Die klare Bestimmtheit der dramatischen De=
clamation fließt hier unwillkürlich hinüber in die Un=
endlichkeit des Tones und wird in dieser verklärt,
vertieft und gesteigert.

Ich kann es getrost den Musikern überlassen, näher
zu bestimmen, in wie weit innerhalb der Oper selbst diese
gewaltigen Neuerungen Wagner's Eingang finden werden.
Dies geht uns zunächst nichts an. Uns beschäftigt hier
nur die Frage, kann dieses musikalische Drama, wie es
von Wagner als das Drama der Zukunft gepriesen
wird, jemals in der That ganz an die Stelle der reci=
tirenden Tragödie treten?

Und da antworte ich Nein und abermals Nein!
In dieser ausschweifenden Unbegrenztheit genommen ist
die Ansicht Wagner's ein entschiedener Irrthum.

192

Die moderne Tragödie, eben weil sie durchweg psychologische Charaktertragödie ist, ist in ihrer Charakterentwicklung allzu individuell und spitzfindig grüblerisch und in den Localfarben der ganzen äußeren Umrahmung allzu bestimmt und naturalistisch, als daß die symbolische Allgemeinheit der Musik dieser individualistischen Kleinmalerei jemals nachkommen könnte. Und könnte sie es auch, die ganze Sache würde an der Natur des musikalischen Recitativs scheitern. Das Recitativ ist nicht so klar und verständlich, wie die einfache, auf das Wort gestützte Declamation, wie das Sprechen als solches. Wagner befindet sich in einem innern Widerspruche. Mit Recht dringt er mit allem Eifer darauf, daß alle Kunst volksthümlich sein solle. Seine musikalischen Dramen aber sind es nicht. Man kann den Tannhäuser sowohl wie den Lohengrin gar nicht verstehen, ohne vorher recht gründlich die Textbücher studirt zu haben.

So lange es also eine Tragödie giebt, wird die Tragödie auch immer nur recitirendes Drama bleiben. Wagner's Traum von diesem rein musikalischen Drama der Zukunft ist ein kühner Traum, aber ein falscher.

Und dennoch giebt es einen Punkt, in dem die recitirende Tragödie über sich selber hinausweist.

Die moderne Tragödie, mag sie nun eine im engern Sinne geschichtliche oder eine bürgerlich sociale sein, ist in ihrer innersten Bedeutung doch jetzt immer eine

193

Spiegelung des treibenden geschichtlichen Lebens. Je mehr sich die Tragödie zu geschichtlichen und socialen Bewegungen hinneigt, um so mehr ist sie auch auf großartige Massenwirkungen angewiesen. Dies aber ist der Mangel der Poesie, die Poesie kann Massen nicht darstellen. In Shakespeare's Zeit, die überhaupt noch überall die ergänzende Phantasie des Zuschauers anrief, ließ man es sich gefallen, wenn das Volk als Volk in der Abbreviatur Einzelner mehr nur angedeutet als dargestellt wurde; die naturalistische Darstellung des heutigen Bühnenwesens erlaubt dies aber nicht mehr. Die Masse soll wirklich Masse sein. Und hieran scheitert das moderne Drama, wie es jetzt ist, fast immer. Das Volk erscheint nur als wüste Menge; Alle schreien und toben wild durch einander; nirgends geschlossene Ganzheit. Solche Scenen wirken entweder häßlich oder burlesk; niemals, wie es doch ihre Bestimmung ist, erhaben oder erschütternd. Der Dichter kann immer nur Eine Empfindung aussprechen. Aber der Musiker hat in der Kunst des Contrapunkts die Möglichkeit, verschiedene Melodien selbständig neben einander zu führen. Nur also der Musiker kann viele und alle Empfindungen und Leidenschaften zu gleicher Zeit aussprechen, sie wild durch einander kämpfen und wogen lassen und doch zuletzt alle diese durcheinandertönenden Stimmen mit sicherer Herrschaft in eine klare und harmonische Gesammtwirkung auflösen. Das ist es,

13

was in Volksfcenen dem Mufiker einen ganz unbe=
rechenbaren Vorsprung vor dem Dichter fichert. Shake=
fpeare, Goethe und Schiller, wie oft stellen fie das
fämpfende Volk dar! Wer aber von ihnen hat
jemals eine fo überwältigende Wirkung erreicht, wie
die Verschwörungsfcene der Hugenotten, oder der
Ausbruch des Aufstandes in der Stummen von Por=
tici und vor Allem die markerschütternden Massen=
wirkungen des Cortez, des Propheten und Lohengrin?

So entschieden ich daher auch bestreite, daß die
Tragödie je ganz und gar in die heroische Oper auf=
gehen könne, fo dünkt es mir doch andrerseits nicht
unwahrscheinlich, daß fich in der Zukunft einmal eine
neue Gestalt der Tragödie herausstellt, in der die Si=
tuationen= und Charakterentwicklung des recitirenden
Drama hie und da in einzelnen Massenwirkungen die
Mufik melodramatisch zu Hülfe ruft. Darauf weist
in gleicher Weise die Geschichte der Oper wie die der
Tragödie. Und ich müßte mich fehr irren, wenn hier
nicht fehr fruchtbringende Keime einer neuen Dramatik
liegen.

Doch in solchen Dingen ist es billig, daß fich der
Kritiker bescheiden zurückzieht. Dies ist das Reich des
schaffenden Künstlers. —

Lightning Source UK Ltd.
Milton Keynes UK
UKHW021327250219
337978UK00013B/1569/P